悅讀

圍爐夜話十分鐘

◈ 李瓊雲　著

圍爐夜話像一則則營養滿分的座右銘，

引領青春年少的你，

活出自己生命的精彩！

五南圖書出版公司 印行

作者簡介

學歷：國立中央大學中國文學研究所碩士

任職：士林高商國文科教師

得獎紀錄：

1. 臺北市校園正向輔導管教範例甄選班級經營類——榮獲高職組特優（九十八年度）
2. 教育部校園正向輔導管教範例甄選班級經營類——榮獲高中職組優等（九十八年度）
3. 臺北市生命教育融入教學教案設計甄選——榮獲高職組優等（九十九年度）
4. 臺北市年第十一屆行動研究創新教學設計類——榮獲高職組佳作（九十九年度）

5.臺北市一〇〇學年度年特殊優良教師評選——獲選優良教師（一〇〇年度）

6.臺北市年第十二屆行動研究教育經驗分享類——榮獲高職組優等特優（一〇〇年度）

7.臺北市年第十二屆行動研究教具教材實物展示類——榮獲高職組優等佳作（一〇〇年度）

8.國立師大辦理一〇〇學年度職業學校數位化教師教學檔案製作競賽——特優獎第二名（一〇〇年度）

9.臺北市年第十三屆行動研究教育經驗分享類——榮獲高職組優等（一〇一年度）

10.臺北市校園正向輔導管教範例甄選班級經營類——榮獲高職組第一名（一〇一年度）

作者序

智慧小精靈，青春伴我行

李瓊雲

時間恆久遠，經典永流傳

每一本好書都是作者智慧的結晶，讀者只要透過用心閱讀，就可以在最短的時間內獲得最大的智慧。但書海浩瀚，該如何把握有限的時間，達成最有價值的閱讀？筆者的建議是：「閱讀經典」是優質閱讀，是你最明智的抉擇！

筆者不揣己陋，依自己數十年來的閱讀經驗所得，個人認為「經典」猶如高單位的營養劑，提供人類心靈最重要的營養；「經典」猶如高濃度的精華液，提供人類心靈最需要的保養；「經典」猶如高效能的超級電腦，提供人類心靈最有效能的 CPU 處理。

人類的生命具有身心靈三個層次，人不僅是單純的生存著或生活著，更重要的是該如何優質的活著？又該如何活出有意義的人生？芸芸眾生，每一個生命個體都是獨一無二的。「如何活出自己生命的精彩」，始終是人們關切的課題。宋朝文天祥〈正氣歌並序〉文末：「哲人日已遠，典型在夙昔。風檐展書讀，古道照顏色。」幸運的我們，透過閱讀經典，在歷史的長河中得遇許多偉大的人格典範，哲人先賢精神長存，永遠是你我人生路上的明燈一盞，指引你我正確的「心的方向」！

「經典的著作」跟鑽石一樣經得起時間的考驗，而「經典的智慧」遠比鑽石更有價值，問題在於讀者能否活用經典！如何體悟先哲的人生智慧，賦予經典新時代的意義，身體力行實踐有品格的人生，正是坐擁無價之寶的你我所要努力的事。

活用老寶貝，智慧能加倍

《圍爐夜話》一書是清代文學家王永彬的著作。就形式而言是自由的，作者以隨筆的方式寫下一則又一則他對生活的體悟，展現他的生命智慧；就內容而言是深刻的，作者以傳承儒家道統的使命精神寫出一位長者對後生晚輩在為人處世、品德修養等各方面的提點及叮嚀。

當做座右銘的書寫及自我提醒。《圍爐夜話》一書每一則的篇幅短小簡要，卻內容精警，寓意深遠，學者認為很適合

古人說：「天不生仲尼，萬古如長夜。」從先秦的《論語》到清朝的《圍爐夜話》，歷經二千多年漫長的悠悠時空，孔子的智慧心燈，代代相傳、心心相續，傳承不滅。孔子提醒我們：身為一個人，最重要的就是掌握「自我生命的主體性」！長遠的歷史證明，儒家的生命智慧不僅適用於士大夫的經國濟世，更能合用於市井小民的安身立命。

就現代人而言，雖然時代不斷在改變，科技日新又月異，但人類所要面對的生存、生活、生命的課題反而更加複雜，人們要面對的自我挑戰是更加險峻。在今日這樣一個快速變化，價值多元、道德錯亂的新世紀，人們如何在時代洪流、滔滔巨浪中安身立命、堅定自己，活出自我的價值？筆者認為老祖宗的傳家寶是紛亂人間的清流，喧囂世音中的天籟，更是安定徬徨人心的一帖良方。

古書今來讀，人生大幸福

筆者編寫《悅讀圍爐夜話十分鐘》一書的目的是希望提供青少年朋友接觸經典的機會，而且可以很容易的進行閱讀。本書除了原典重現

外，並援引古今中外人物的實例為證，他們都是生命智慧的覺知者，真正在生活中實踐良好的品德，不僅是利己，更利益他人，增進社會幸福。讀者可以從閱讀中體悟先賢哲人的智慧如何運用於生活，活出生命，進而能將這樣的生命智慧內化為自己的應世待人的態度，在人生的旅程中能夠掌握生命的主體性，做自己生命的主人——清明的選擇，勇敢的負責。

本書的編寫體例打散了《圍爐夜話》原著隨筆書寫的次第，把全書內容分為十個主題，每個主題包含數個相關子題，每個子題再選讀數則原典來論述：先臚列數則原典並加以注解，然後進行內容導讀（義理說明、價值澄清、佐證實例）、延伸思考，讓青少年朋友進行深度閱讀及沉澱省思。最後則是作文一篇，讓青少年朋友能夠讀寫並行。個人相信，只要持續以恆的閱讀經典，假以時日，讀者都會成為有思考力、判斷力、執行力的「有力人力」，看盡人生百態後，懂得品味人生，練就自己專屬的人生幸福，創造社會共享的人類幸福。祝願所有學子在青春無敵的大路上，因為有古老智慧小精靈的陪伴同行，及早擁有心靈的導師，畫出美麗的心靈地圖！

祝願大家——悅讀閱快樂！

目錄

主題和導讀目次

■朋友交遊

君子小人

耕讀求道

貧賤勤儉

富貴榮華

教育子弟

為人處世

讀書為學

立身修養

朋友交遊 一

共創十倍速的幸福或痛苦

原文

一、交朋友增體面，不如交朋友益身心。

二、何者為益友？凡事肯規[1]我之過者是也。

三、能結交直道[2]朋友，其人必有令名。

四、賓入幕中[3]，皆瀝膽披肝[5]之士。客登座上[4]，無焦頭爛額[6]之人。

注釋

1. 規我：規勸我。
2. 直道：正直有道。
3. 賓入幕中：比喻極為親近而且可以信任的人。
4. 客登座上：指被引為上座的賓客。比喻極為親近的朋友。
5. 瀝膽披肝：比喻待人非常竭誠盡忠。瀝，滴下。披，打開。
6. 焦頭爛額：比喻處境十分狼狽窘迫。

導讀

意氣、義氣傻傻分不清楚

《論語・季氏》子曰：「益者三友，損者三友：友直，友諒，友多聞，益矣；友便辟，友善柔，友便佞，損矣。」孔子提醒我們交友要謹慎，一定要清楚分辨益友和損友的不同。結交正直、信實、博學的朋友有益自我生命的成長。反之，結交只會恭維、逢迎、巧言的朋友則是有害於己。《弟子規》：「聞過怒，聞譽樂，損友來，益友卻。」正說明一個人如果一聽到別人提醒自己的過失就生氣，只喜歡聽好聽的話，那麼損友就會來到你身邊，而益友就卻步不前了。所謂「忠言逆耳」，我們要做一個有智慧的人才懂得「善聽」。

宋朝大文豪蘇軾和佛印禪師友好，蘇軾曾自認學佛日深，心無雜染，寫下「稽首天中天，毫光照大千，八風吹不動，端坐紫金蓮。」這樣的詩作，並派人過江送給佛印禪師評定自己禪修工夫。佛印禪師只批了「放屁」二字，送回給蘇軾。當下的蘇軾怒不可遏，立即過江

要與佛印禪師理論。沒想到佛印禪師只留下「八風吹不動，一屁打過江」的詩句給蘇軾。蘇軾當下明白，自己並沒有超越「稱、譏、毀、譽、利、衰、苦、樂」八風的考驗。佛印禪師直言信實提點蘇軾，讓他看清自己的修為。蘇軾有這樣一位益友的切磋提醒，在人格開展及生命境界的提昇上也就愈來愈曠達了。

反觀民國八十七年十月林口鄉發生了一樁逆倫弒親的慘劇。未滿十九歲的青少年某生，夥同幾位友人共謀殺害自己的雙親。五位青少年，最大的二十二歲，最小的十二歲，某生是整個慘案的主謀，其手法冷血殘忍，令人不寒而慄，足以「魔鬼的化身」來形容。當某生只因跟父母要不到錢而心生怨恨，進而策動弒親的計畫時，平常跟著他一起開車出遊，吃喝玩樂的友人，竟然沒有人提出反對，反而跟著起鬨，贊同他的想法，配合他的行動，以致釀成這起天倫悲劇。這些狐群狗黨原本只是貪圖跟著某生可以吃香喝辣，玩樂享受，卻糊裡糊塗地跟著犯下重罪，鋃鐺入獄，葬送了大好前程。

交益友，交損友，怎麼能不謹慎！

延伸思考

一、在你的生活經驗中是否曾結交過損友而不自知？或你明知是損友，卻無法斷絕這份交情，原因是什麼？

二、如果自己的好朋友企圖作弊或想偷竊，然後要求你協助時，你是否有勇氣拒絕，並且苦口婆心地勸阻他？

引導作文

人的一生中一定會認識很多朋友，有些人與你一見如故，有聊不完的話，成為無所不談的好朋友；有些人則是與你話不投機半句多，謝謝再連絡了。好朋友不僅在生活中陪伴你，關心你，也會在你犯錯時及時勸告你。請以「真正的朋友」為題，寫一篇完整的文章，敘述相關體驗、事例，或論說此一道理。

朋友交遊

二 拯救一個人的孤獨星球

原文

一、友以成德❶❷也，人而無友，則孤陋寡聞❸，德不能成矣。

二、與朋友交游❹，須將他好處留心學來，方能受益。

注釋

❶友以成德：朋友可以幫助自己成就德行。以，用來。

❷人「而」無友：如果。

❸孤陋寡聞：形容學識淺陋，見聞不廣。陋，淺陋。寡，少。

❹交游：即交遊、往來。

導讀 當你孤單時你會想起誰

《論語・述而》，子曰：「三人行，必有吾師焉。擇其善者而從之，其不善者而改之。」

只要自己肯用心觀察學習，他人一定有值得學習的地方。而《禮記》〈學記〉更明白指出：「獨學而無友，則孤陋而寡聞。」一個人的眼界再高，總有局限或死角，而朋友猶如一扇窗，讓我們看見更寬廣的浩瀚世界。

《論語・顏淵》子曰：「以文會友，以友輔仁」，說明結交良友可以增進自己的德行。《孔子家語》云：「與善人居，如入芝蘭之室，久而不聞其香；與不善人居，如入鮑魚之肆，久而不聞其臭。」正所謂「物與類聚」，朋友在一起久了，耳濡目染，潛移默化下，彼此互相影響卻不自知，最後有時連氣質、長相都會趨於相像。

中國文學史上，李白和杜甫並稱，杜甫三十三歲那年，在洛陽遇見了李白，他比李白小十一歲，兩個人性格不一樣，但是，共同的志趣和愛好使他們二人成為親密的好友。杜甫〈春日憶李白〉詩：「白也詩無敵，飄然思不群，清新庾開府，俊逸鮑參軍，渭北春天樹，江東日暮雲。何時一尊酒，重與細論文。」他除了讚美李白的詩飄然高妙，就像庾信的詩一樣爽朗清新，也像鮑照一般特逸俊秀。更感傷不知何時兩個人可以再相見，一起討論詩文。暮雲春樹，思念遠方友人的情意深刻感人。而元稹和白居易並稱「元白」，二人同登進士，共推中唐的新樂府運動，白居易〈與微之書〉一文以三泰安慰友人，又感傷相見無日，「進不得相合，退不能相忘」的深摯情誼一樣令人感動。

在臺灣的流行樂壇中，有亞洲第一天團之稱的「五月天」樂團，由阿信（主唱）、怪獸（團長暨吉他手）、瑪莎（貝斯手）、石頭（吉他手）和冠佑（鼓手）五位成員組成。「五月天」的每一位團員都各有專長，他們基於對搖滾樂的共同愛好而組成。打造共同的愛樂夢想，傳達愛與和平的信念，不只是翻唱外國的搖滾歌，更進而創作

本土的搖滾樂，紅遍國內外，充分展現一加一大於二的團隊效益。他們彼此不只是工作上的親密夥伴，更是生命中相知相惜的樂友。

延伸思考

一、你是否曾經有過雖然身處人群，卻深感孤獨的經驗？你如何面對這樣的情緒呢？

二、你是否能看見朋友的優點？你可以從朋友身上學到什麼？又你的朋友能向你學習什麼？

引導作文

有人說：「模仿是最高的讚美」。古今中外許多重要人物都有值得我們仿效的地方，而「尚友古人」也是提昇自己成長的方法，請以「人物典範」為題，寫一篇完整的文章，敘述相關體驗、事例，或論說此一道理。

朋友交遊（二）

遇見智慧大師的啟示

原文

一、淡中交耐久❶。靜裡壽延長。

二、人得一知己，須對知己而無慚。

三、綠竹得其虛心，對黃華❷得其晚節❸，對松柏得其本性，對芝蘭❹得其幽芳❺，則游覽❻處皆師友也。

注釋

❶淡中交耐久：平淡中的交情最能持久。

❷黃華：即菊花。

❸得其晚節：菊花不像百花搶在春天盛開，遲至秋天晚開花，堅持自我的節操。

❹芝蘭：香草。

❺幽芳：清芬香氣。

❻游覽：也作「遊覽」。交遊觀覽。

《史記》云：「一死一生，乃知交情；一貧一富，乃知交態；一貴一賤，交情乃見。」又云：「士為知己者死」；《戰國策・楚一》云：「以財交者，財盡則交絕；以色交者，華落而愛渝。」《莊子》（山木）云：「君子之交淡如水，小人之交甘若醴。君子以淡而親，小人以甘而絕。」所以世人常常有「相識滿天下，知音有幾人」的感慨。

春秋時晉國大夫伯牙，擅長彈奏七絃琴，但伯牙琴藝曲境之高，只有鍾子期了解，所以當鍾子期去世之後，伯牙摔琴謝知音，從此不再彈琴。而春秋時齊國宰相管仲與鮑叔牙的友誼更是傳為美談。當眾人都在指責管仲做生意時分財貪多、打仗時畏戰先退、或戰敗被囚受辱時，鮑叔牙都毫無怨言或懷疑，始終相信管仲胸懷大志，情非得已，一路相挺到底，如此知音難遇，所以管仲讚嘆「生我者父母，知

我者鮑子也。」鮑叔牙又將管仲推荐給齊桓公，管仲盡全力輔佐齊桓公一匡天下，成為春秋五霸，也可謂「無慚知己」了。

但並不是每個人都能像管仲這樣幸運，如果在人世間沒有知遇之人，那麼我們可以寄情一個看似平凡卻永遠忠心的朋友——大自然。宋朝程顥〈秋日偶成〉詩：「閒來無事不從容，睡覺東窗日已紅。萬物靜觀皆自得，四時佳興與人同。」又宋朝無門慧開禪師偈語：「春有百花秋有月，夏有涼風冬有雪，若無閒事掛心頭，便是人間好時節。」在在說明人們若能除去心中無明的執著煩惱與掛礙，恢復自我本心的清明，閒適悠然，自能與大自然相契，從而領受宇宙萬物的「清澄純淨」，從而體悟世間平淡之中滋味的甘美。

宋朝周敦頤〈愛蓮說〉：「予獨愛蓮之出淤泥而不染，濯清漣而不妖，中通外直，不蔓不枝，香遠益清，亭亭靜植，可遠觀而不可褻玩焉。」可謂蓮之知己，一如陶淵明之愛菊。而王子猷愛竹，曾言：「何可一日無此君邪。」蘇軾亦言：「無竹令人俗」；林和靖則以梅為妻。

可見古來文人在觀覽萬物之餘，多能與萬物冥合，各取所得，感悟良多。因此，我們除了尋覓人世間的知己，也可以與萬物為友，領略繁華落盡見真醇的妙境。

延伸思考

一、面對人類過度開發，破壞生態的過失，你認為我們可以為地球做些什麼？

二、你是否曾經懷疑過朋友？或者有被朋友懷疑的經驗？當時你的感覺如何？

引導作文

大自然是一本最偉大的無言書，值得我們細細品味。元人翁森〈四時讀書樂〉一詩：「好鳥枝頭亦朋友，落花水面皆文章。」請以「與大自然為友」為題，寫一篇完整的文章，敘述相關體驗、事例，或論說此一道理。

行善助人（一）

如果你是雨，你要下在哪裡

原文

一、肯救人坑坎[1]中，便是活菩薩[2]。

二、存為善之心，不必邀[3]為善之名。

三、行善濟人，人遂得以安全，即在我亦為快意[4]。

注釋

1. 坑坎：比喻困苦艱難的境遇。
2. 菩薩：印度梵文。為菩提薩埵（ㄉㄨㄛˇ）的簡稱。菩提意為覺、佛；薩埵意為有情；眾生。菩薩即上求佛道，下化眾生的聖人智者。
3. 不必「邀」：求得。
4. 快意：稱心適意。感到快樂如意。

導讀

天使菩薩滿人間

有人問：「天使為什麼能飛？」答案是：「祂把自己看得很輕！」的確，行善就是愛人；行善就是在別人的需要中看到自己的責任；因為把別人看得很重要，所以有「人饑己饑，人溺己溺」的同理心。菩薩不只是供奉在廟裡，人間菩薩聞聲救苦，能急人之難，熱心主動幫助別人解決困難。行善的方式很多，無論是有形的金錢支援或是無形的關懷安慰等都是人與人之間最動人的情意交流，充分展現人性之光。

有「韓國奧黛麗赫本」之稱的韓國知名女明星金惠子，曾應世界展望會的邀請擔任代言人，並親自前往非洲，參與人道關懷活動，當她目睹在飽受乾旱之苦的土地上，一個個過著近乎赤貧，飽受苦難的非洲難民時，內心深受震撼！她回國之後把非洲之行所見所聞及感想寫成《雨啊！請你到非洲》一書，並開始投身非洲救援的慈善工作，引起很大的迴響。後來臺灣的知名藝人張惠妹也曾應世界展望會的邀請，擔任代言人前往非洲，同樣親自參與人道關懷活動，對於苦難的非洲，也是深感震驚，回國後張惠妹一樣積極推動慈善公益活動。

在臺灣，投身慈善工作的團體及個人非常多，慈濟團隊的救災動員能力是大家有目共睹的。至於個人方面，最令人感動的則是那些自己的生活並不富裕，甚至是清苦的市井小民，努力省吃儉用，刻苦自己，熱心助人。他們只是默默付出，既無所求，也不為人知。其中最具代表性的人物就是台東的小菜販陳樹菊女士和台中的清潔工趙文正先生。陳女士幾十年來捐助金額近千萬元；趙先生三十幾年來也捐助四百多萬元。這兩位登上富比士雜誌的臺灣之光，都是人間菩薩的最佳見證。

相對於陳樹菊女士及趙文正先生幾十年來低調行善的作為，大陸首善陳光標先生來臺展開「感恩之旅」的高調行善作風，引發社會許多不同的聲音，甚至有「沽名釣譽」之譏。古人認為行善為人所知是陽善；為善不為人知是陰德。所謂陰德就是無所求的成就好事。誠然，陳先生的做法或有值得商榷的地方，但他有心行善助人的用心仍是值得肯定的。因為無論是陽善或陰德都能達到幫助有難的人脫離困境，這是行善最重要的目的。

為什麼「為善不欲人知」？因為助人為樂。那種發自內心的滿足喜悅及快樂是難以言喻，更是無法取代。所以，行善的價值在付出的當下已然完成。我們從有能力幫助別人的付出中得到自我的價值及意義，也圓滿了人生一份無私的大愛。

延伸思考

一、你是否曾經在生活中看見或感受到天使或菩薩的關懷？感覺如何？

二、你是否贊同陳光標先生來臺高調行善的做法？理由是什麼？？

引導作文

金惠子女士曾在演講中說：「如果我是雨，我要去沒有水的地方。如果我是衣服，我會先去找光著身子的孩子。如果我是糧食，我會先去找挨著餓的人。」請以「助人為樂」為題，寫一篇完整的文章，敘述相關體驗、事例，或論說此一道理。

行善助人（二）

匯聚微光，點亮小天使星星

原文

一、為善之端❶無盡，只講一讓字，便人人可行。

二、為鄉鄰解紛爭，使得和好如初，即化人之事也。

三、為世俗談因果，使知報應不爽❷，亦勸善之方也。

四、見人行善，多方贊成。見人過舉❸，多方提醒，此長者❹待人之道也。

注釋

❶為善之「端」：方法。

❷報應不「爽」：差失。

❸過舉：指有過失不當的舉動。

❹長者：年老且德行高尚的老人家。

俗話說：「萬教歸宗，勸人為善」。除了宗教的力量，民間也有勸世歌一類的歌謠，而靜思語也說：「做好事不能少我一人，做壞事不能多我一人。」古人說：「好話兩邊傳，惡言兩邊斷」，能調停意見不合的雙方和諧相處，也是善事一件。在臺灣，現在各鄉鎮市都設有「調解委員會」給發生糾紛的雙方有重新溝通協調的機會，這也是助人的好事。

「行善不是有錢人的專利，而是有心人的權利。」我們雖然只是一個平凡的小百姓，但是，只要有心，依然可以就自己能力所及來行善助人。做好事的方法很多，包括從意念、言語及行為各方面，所以無論是口說好話、憐蛾不點燈、雪中送炭、布施財物……都是善行。方法雖異，但善念相同——讓世界因為我的努力及付出而變得更好，這就是我們生命存在的意義。

想要行善，最根本的就是從「一念之善」開始。因為世間的資源有限，而人們的需求無度，如此一來，勢必無法達到人人滿足，因而人與人之間就必然衍生爭奪之害，社會也將陷入擾攘紛爭，永無寧日。所以有心行善，就從「縮小自己」開始，對人、對事有退讓、禮讓的心念及作為，凡事成功不必在我，功成不居，能贏的也未必要贏，樂於與人分享等等，這些都是行善的根基。

如果大家都能相互謙讓，以禮相待，必然可以減少許多無謂的爭奪，有利於形塑一個祥和有禮、友善美好的社會。像慈濟團隊在救助他人時都懷著感恩的心來付出，敬重的對待那些需要協助的人。不管是面對身陷苦難的災民或救助貧困的關懷戶，慈濟人永遠是謙卑的彎下腰來，雙手奉上關懷及祝福，細心維護受助者的尊嚴。這就是懷有謙讓的心，才有能力做到「縮小自己」，「看重他人」，做到有品質的行善。

許多藝人除了自己熱心行善，也會善用自己的影響力，號召更多的人一起加入行善的行列。世界展望會從一九九〇年開始辦理第一屆

「饑餓三十」體驗及勸募活動，至今吸引了很多人參與行善，其中不乏知名藝人，如張惠妹、蔡依林、王力宏、彭于晏等等。大家一起開心做善事，我們的社會因為有善的效應，愛的循環，也會愈來愈溫暖，充滿幸福！

延伸思考

一、你是否思考過，生命中最大的快樂是什麼？理由是什麼？？

二、如果你有五千萬，你是否願意將它移做捐助他人之用？理由是什麼？？

引導作文

俗話說：「人在福中不知福」。大家都想要追求幸福，擁有福氣，可是卻常常羨慕別人，總覺得別人的生活比自己更幸福；總認為別人比自己擁有更多的福氣，真的是這樣嗎？你如何定義「幸福」？請以「幸福」為題，寫一篇完整的文章，敘述相關體驗、事例，或論說此一道理。

行善助人

二

人生大樂透，平安如江河

原文

一、天道最公，人能苦心❶，斷不負❷苦心。為善者，須當自信。

二、作善降祥，不善降殃❸，可見塵世之間，已分天堂地獄。

三、善是吉星，惡是凶星，推命者，豈必因五行而定。

注釋

❶人能苦心：人們能夠用心而且盡力。

❷斷不負：絕不會辜負。

❸降殃：降下災禍。

❹推命者：算命的人。

❺五行：金、木、水、火、土。宇宙萬物，都是由五行的運行和變化所構成。

導讀
心花朵朵開，幸福跟著來

《尚書‧商書》說：「作善降之百祥，作不善降之百殃。」明朝的劉基在〈司馬季主論卜〉一文中也說：「天道何親？惟德之親。」強調超越於人之上的天道是親好有德，賞善罰惡。俗語也說：「舉頭三尺有神明。」又說：「是非善惡終有報，不是不報，時候未到。」說明古人相信平日的一切作為都會遭最後的審判評定及獎賞懲罰。但是積「陽善」只能夠博得名譽的福報，而積「陰德」的人上天必會賜以厚福。

所謂「善吉惡凶」不證自明，是十分清楚的事理，不必由算命的人來推斷就可以知道了。而人究竟要被「賞善」？還是「罰惡」？其實都是出於自己的選擇。常言道：「禍福無門，唯人自召，善惡之報，如影隨形。」說的就是這個道理。自古以來，「國泰民安，風調雨順。」不僅是小百姓們最基本、最卑微的願望和祈求，也是當政者

最關心的大事。這樣的願景能否如願就要看大家是否能一心向善，積善成德，才能獲得天道的肯定及獎賞。在過去民智未開的時代，天道賞罰之說是有其用意，但民風大開的今日，行善則不再只是功利的求賞避罰而已。

法律是外在的他律，再嚴密的法規，仍然有人想辦法鑽漏洞，或者惡意違反。不被遵守的法規是虛設的，功效有限。而道德則是內在的自律，應不應做只問「良心是否能安」，即使不違法，只要是良心過不去的，自然會克制不為，不是不敢，而是不願。這樣的自律是社會走向進步的關鍵力量。所以行善最好的發展是能從過去有功利誘因的賞罰論，走向文明進步的良心論。如果能夠讓行善成為一種生活的習慣，或是生活的一部分，這樣我們的社會就可以慢慢走向理想的大同世界了。

雖然有人說臺灣是一個貪婪之島，但是我更相信臺灣是一個愛心之島。的確，有些人是貪婪無度，但卻有更多、更多的人是愛心無限。試看參與志工的人數，年年增加，有些人甚至已經成為國際志工。而青少年投身公益課輔活動的人也是愈來愈多。這些投身公益行善的人，都是非常有智慧的人，為他人送上幸福，也為自己創造幸福，利人又利己。

古人說：「一善解千災」，在臺灣隨處可見義診、義剪、義賣、義演等助人善行，這股樂於付出、勇於承擔，善的力量既強大又正向，它是提昇社會的最大動力。所以，行善不需要理由，因為心安，自然運開，福就來！

延伸思考

一、你認同「好人一定有好報」的說法嗎？理由是什麼？又所謂的「好報」是指什麼？

二、你認為做任何事情，都一定要有回報才值得去做嗎？理由是什麼？？

引導作文

在現今社會中，個人意識抬頭，對於工作或任務的承擔，很多人的第一個要求就是「公平」，深恐自己多做了，吃虧了。在你的生活中，到底什麼是該多計較的？什麼又是不需太計較的呢？請以「吃虧就是占便宜」為題，寫一篇完整的文章，敘述相關體驗、事例，或論說此一道理。

君子小人

一 命運之神聽我的

原文

一、浪子[1]回頭，仍不慚為君子[2]。

二、士君子[3]立言，貴平正，尤貴精詳。

三、君子無過行，小人嫉[4]之亦不能容。可知君子處小人，必平其氣[5]以待之，不可稍形激切[6]也。

四、待小人宜敬，敬心可以化[7]邪心。

注釋

1. 君子：常指稱有道德的人。偶用來指稱貴族。
2. 浪子：浪蕩不務正業的人。
3. 士君子：高尚有學問的人。
4. 小人嫉之：《論語》一書中，小人一詞多用來指稱沒有道德的人。有時用來指稱平民。
5. 平其氣：心平氣和。
6. 稍形激切：言詞激烈直率。
7. 「化」邪心：感化。

孟子主張「性善說」，又說：「人皆可為堯舜。」佛家也說：「放下屠刀，立地成佛。」

所以要當浪子、君子或小人，其實都出於自己的選擇及實踐。但要做出正確的選擇並不是一件容易的事，因為慣性會使人麻木或怠惰，要抽身談何容易！唯有自己智慧開悟，痛下決心並確實改變，才能成就浪子回頭金不換的奇蹟。

青少年誤入歧途的人不少，在他們故事的背後都有不為人知的辛酸。許多人一旦踏上了這條不歸路，很少有迷途知返，獲得重生的機會。因而少數能夠回頭的人，也就更顯得彌足珍貴，令人敬佩了。在屏東東港市場一處賣魚鬆的攤位，生意好得不得了，遇上旺季時，一個月甚至有上百萬的營業額。站在攤位前手腳俐落地包裝魚鬆的人就

是老闆劉文通先生。他的手臂上滿滿的刺青總是引人側目，許多客人一開始還會覺得怪怪的。可是，一旦吃過他賣的魚鬆，就會成為一買再買的主顧客，不再介意他手臂上的刺青了。

這位劉文通先生曾經是黑道大哥，也曾進出監獄，最後能幡然悔悟。他在金盆洗手，痛改前非之後，繼承了家業在市場賣魚鬆。他每天從市場批發最新鮮的魚貨，在現場製作魚鬆，以貨真價實的品質，做出口碑，贏得顧客的信任，所以每天生意興隆。劉先生從一個迷失自己的浪子到成為一位誠信做人的君子，這樣的選擇及改變，證明命運操之在自己的手裡。現在的他，誠懇待人，實在做事，認真生活，誰說他不是一位正人君子呢？

劉文通先生也表示：決心要離開黑道，選擇重新做人，是一件非常不容易的事。因為在尋求改變的過程中，有許多舊識及道上的好友會前來打探、阻撓，甚至以他不顧江湖義氣或兄弟情誼等罪名來打擊他、逼迫他！加上學習製作魚鬆的辛苦，在在都考驗著他的決心及毅力。他若意志不堅定，很快就會被拉回到原點；若他意志剛強，在言詞上稍微激烈直率，將會激怒昔日的道上友人，也會為自己惹來麻煩。因此，劉文通先生用真心及誠意對待昔日的友人，讓他們終於放手，也為自己找回了幸福！

延伸思考

一、你同意「命運操之在自己手中」這句話嗎?理由是什麼?

二、你的身旁是否也有誤入歧途的朋友?你如何幫助他(她)找回自己?

引導作文

有人說:「天堂自在人間。」天堂與地獄往往是一念之間。幸福或痛苦也常常出於自己的選擇。在你的生活經驗中是否有過因做出錯誤的選擇而導致事後悔恨不已的事?你的感覺如何?又有什麼想法?請以「最後悔的事」為題,寫一篇完整的文章,敘述相關體驗、事例,或論說此一道理。

君子小人（二）

一生無悔的使命

原文

一、技藝之末，無益身心，所以君子務本❶也。

二、聞人譽言❷，加意奮勉，聞人謗語❸，加意警惕，此君子修己之功也。

三、君子以名教❹為樂，豈如嵇阮之逾閑❺。聖人以悲憫為心，不取沮溺之忘世❻。

四、數❼雖有定，而君子但求其理，理既得，數亦難違。變固宜防，而君子但守其常，常無失，變亦能御。

注釋

❶務本：指修身。務，專精致力。本，根本。

❷譽言：讚美的言詞。

❸謗語：詆毀的話。

❹名教：倫常道德及聖賢教訓。

❺逾閑：超過禮教，過度安適。

❻沮溺之忘世：沮溺指春秋時的隱士長沮、桀溺二人。忘世，忘懷世間，不問世事。

❼「數」雖有定：運數、命運。

導讀

資優，夢想的堅持

俗話說：「當一天和尚撞一天鐘。」每一個人活在世界上都有他的天賦使命。不管未來或現在，讀書人對社會的影響是深遠而且重大的。其實不只是讀書人，每一個人要對自己的角色及責任有很清楚的認識及承擔。相較於嵇康、阮籍的越禮閒散，或長沮、桀溺隱居不問世事，孔子作《春秋》，亂臣賊子懼，孔子周遊列國，知其不可為而為，他堅持理想，推行仁政，努力不怠，這樣積極任事，勇於作為的精神是值得我們學習的。

其實，有夢想不難，如何實現夢想才是困難的。在臺灣紅遍半天邊的九把刀曾說過：「說出去會被嘲笑的夢想，才有實踐的價值，即使跌倒了，姿勢也會非常豪邁。」靜思語也說：「一個人不要小看自己，因為人有無限可能。」當九把刀以作家的身分，發布消息要當導演，把同名小說《那些年，我們一起追的女孩》拍成電影時，大家都

覺得他要不是開玩笑，就是瘋了。願意安慰他、鼓勵他勇氣可嘉固然也有，但是諷刺他的，等著看笑話的更大有人在。許多人認為他雖然很會寫小說、說故事，但對拍電影卻完全外行，怎麼可能將小說拍成電影？簡直是荒謬可笑。

但不管眾聲如何喧嘩，九把刀依然忠於傾聽自己內心的聲音，堅持自己的理想及原則。事實證明，經過非常多的困難及挑戰，從資金、選角、場景……一路跌跌撞撞的熬過來，九把刀不僅如願的完成了電影的拍攝製作，而且票房極佳，可以說是獲得了空前的成功。現在的他，不僅是作家，更是一名導演，他實現了自己的夢想：一個說出去會被嘲笑的夢想。

事後有人問九把刀為何如此大膽？竟敢在完全沒有經驗的狀況下，誇言自己要當導演拍戲？他說：其實是因為沒有人願意投資拍攝這部自傳式的電影，而他又有非拍不可的熱切想望，所以只好硬著頭皮自己來。至於為什麼非拍不可？電影中有一段非常經典的台詞：「青春是一場大雨。即使感冒了，還盼望回頭再淋它一次。」其實，這部電影不只是他的青春記事，也是許許多多曾經青春的人共同的故事。親情、友情、愛情，雜夾著無數的汗水、淚水，共同交織一段無敵的青春歲月——這部電影安慰了許多曾經有夢的靈魂。

延伸思考

一、面對亂世，你會選擇積極入世的態度來改變世界？還是選擇消極避世的態度明哲保身？理由是什麼？

二、你曾經有被毀謗的經驗嗎？你的感覺如何？又如何面對這樣的情緒？

引導作文

每一個人從小到大都曾寫過「我的志願」這個作文題目。經過了這些年，你的志願或夢想是否依然存在？你仍然堅定的朝著自己的夢想努力前進？或是你早已忘記自己當年的豪情壯志了？請以「最後悔的事」為題，寫一篇完整的文章，敘述相關體驗、事例，或論說此一道理。

君子小人

二

心寬路廣天地闊

原文

一、君子存心但憑忠信，而婦孺皆敬之如神，所以君子落得[1]為君子。小人處世盡設機關[2]，而鄉黨[3]皆避之若鬼，所以小人枉[4]做了小人。

二、義之中有利，而尚[5]義之君子，初非計[6]及於利也。利之中有害，而趨[7]利之小人，並不顧[8]其為害也。

注釋

1. 落得：得到某種不好的結果或際遇。
2. 機關：比喻詭詐的心機。
3. 鄉黨：同鄉、鄉里的人。
4. 枉：徒然、白白地。
5. 「尚」義：崇尚。
6. 「計」及於利：算計、考慮。
7. 趨：歸向。
8. 不顧：不管、不理會。
9. 決意：拿定主意。

三、才覺己有不是，便決意[9]改圖[10]，此立志為君子也。明知人議[11]其非，偏肆行無忌[12]，此甘心為小人也。

四、知過能改，便是聖人之徒[13]。惡惡[14]太嚴，終為君子之病[15]。

[10] 改圖：改變計畫。

[11] 議：評說、評論。

[12] 肆行無忌：恣意妄為，絲毫沒有顧忌。

[13] 徒：指某種人。有貶義。

[14] 惡惡：音ㄨˋㄜˋ。厭惡壞人、壞事。

[15] 君子之「病」：毛病、缺失。

義中有利，義是大我的公益，利則是小我的私利。義重於利，是社會進步的標竿。只是利益當前時，貪婪的人性立刻面臨嚴峻的考驗。君子能堅守公義大利，造福人群。而小人則只貪圖個人的私利，不顧公眾利益。例如：喧騰一時的「塑化劑事件」，讓大家陷入食品安全的危機中，也影響了健康。這種不肖商人的黑心做法天理難容，只能交由法律來制裁了。

俗話說：「人非聖賢，孰能無過。」一個人若犯錯了並不可怕，可怕的是自己不知錯、不改過。而君子與小人的修為在「面對過錯」這件事上立判高低。子貢曾說：「君子之過也，如日月之食焉。過也，人皆見之；更也，人皆仰之。」就是告訴我們：君子若是犯了過錯，就像日蝕、月蝕一樣被大家看得清清楚楚，但只要有心改過，大家依然會像過去一樣景仰他。又說：「小人之過也必文。」小人若犯

了過錯則是一味的掩飾，不敢誠實面對。其實，這樣反而失去成長的契機及重新開始的機會。

所謂「水至清則無魚，人至察則無徒。」意思是說：水太過清澈，魚兒就無法存活；對別人要求太過嚴格、苛刻，就沒有人能當他的夥伴。也就是說如果過分計較別人的缺點及過失，就無法容人，也無法留住人材。

在「楚客謝絕纓」的故事中，春秋時楚莊王宴請文武百官，飲酒作樂、聆賞歌舞。夜色降臨，楚莊王命人點起蠟燭，並要求他的愛妾麥姬、許姬向大臣們敬酒。忽然一陣風來，吹熄蠟燭，當下一片黑漆。許姬感覺有人偷偷摸了她一下，她立刻扯下那個人的帽帶，回到楚莊王身旁說：等一下看誰帽帶斷了，就知道是誰偷摸了。未料楚莊王卻對眾臣們說：「我們在黑暗喝酒，也很有趣，就不要把蠟燭點上了。」大家酒酣耳熱之際，楚莊王又說：「大家把帽帶都扯斷了才算盡興！」於是大家都把帽帶扯斷了。

楚莊王認為，宴請大臣是為了大家同樂。有人喝醉了難免失態，如果因為這樣而處罰大臣，就失去原來的美意了。幾年之後，楚莊王攻打鄭國，有一位叫唐狡的將軍特別勇猛，衝鋒陷陣，殺敵立功，使楚莊王威名大振。這位將軍就是當年被許姬扯斷帽帶的人。他用英勇作戰來報答當年楚莊王的寬容大度——這就是寬容的善果。

延伸思考

一、你是否曾經有被別人傷害的經驗？你後來原諒這樣的傷害嗎？理由是什麼？

二、你是否曾經犯下大錯？當下的感覺如何？事後，你會不會很希望得到別人的寬恕？理由是什麼？

引導作文

古人常說：「嚴以律己，寬以待人。」顏回可以做到「不貳過」，但是我們一般人卻很難不犯錯。所謂：「大肚能容，了卻人間多少事；滿腔歡喜，笑開天下古今愁。」你認為面對自己的犯錯和他人的犯錯，應有什麼不同的態度及做法？請以「寬恕」為題，寫一篇完整的文章，敘述相關體驗、事例，或論說此一道理。

耕讀求道

一 揮灑生命的彩筆

原文

一、種田人，改習塵市生涯[1]，定為敗路。讀書人，干與[2]衙門詞訟[3]，便入下流。

二、地無餘利，人無餘力，是種田兩句要言。心不外馳[4]，氣不外浮[5]，是讀書兩句真訣。

三、耕讀何妨兼營，古人有出而負耒[6]，入而橫經[7]者矣。

四、耕讀固是良謀，必工課無荒[8]，乃能成其業。

注釋

1. 塵市生涯：泛指從事一切商業活動的生活。
2. 干與：參與。
3. 衙門詞訟：官府與訟事務。
4. 心不外馳：指能專心致志。
5. 氣不外浮：態度不浮躁。
6. 負耒：拿著農具工作。
7. 橫經：備好書本研讀。
8. 工課無荒：工作（耕田）和課業（讀書）兼顧沒有荒廢。

彩虹因七彩而美麗，但沒有一個顏色是可以被取代的；花圃因百花而繽紛，但百合永遠不會長成玫瑰，玫瑰也不會變成百合；在動物界中老鷹會飛、兔子會跳、魚兒會游水、獅子會跑……。但老鷹永遠無法像獅子在草原奔跑，而獅子也不可能像老鷹在天空飛翔。浩瀚的宇宙，多元而豐富，萬物各有所長，也各自精彩。

詩仙李白〈將進酒〉：「天生我才必有用」一句，自信而肯定的主張：每個人來到世間，一定有他的天賦使命，人的一生中最重要的任務就是找出並且實踐自己的天賦使命！如果我們能找到自己的天賦，開發自己的潛能，然後專心致志，持續努力不懈怠，以最大的熱情展現自己的專長，那將是人生中非常有意義的事。孟子曰：「今夫弈之為數，小數也，不專心致志，則不得也。」更告訴我們：即使是再小的技藝，如果不能專心致志，持續努力學習，終究是徒然無功，很難有成就的，更何況是要讓自己的天賦發光發熱！

林韋良，另一個新的臺灣之光！他從國小被老師發掘有扯鈴的天賦，於是加入扯鈴隊，每天不間斷的認真苦練，後來在國內比賽獲得冠軍。二〇〇五年，尚在高職就讀的林韋良，在教練曾文秀老師的陪同下，前往美國拉斯維加參加「第二屆世界雜耍聯盟大賽」，實力堅強的他，獲得了世界扯鈴冠軍。

當時練扯鈴已經七年的他，是臺灣第一個成功扯三鈴的選手，他每天除了不斷苦練基本功，更自創許多讓人驚豔的絕招。在辛苦而專注的練習後，常發現頭、手被扯鈴「海K」的傷跡。他在美國的世界大賽中以高超的扯鈴技巧擊敗日本、美國、英國等各國選手，精湛完美的演出更讓觀眾起立鼓掌數分鐘。原本不愛讀書的林韋良，也因為多次出國比賽，深深感受到語言能力的重要，開始主動拿起書本認真學習英文。

二〇〇八年，就讀大學的林韋良，參加第二十九屆法國明日節雜技大賽，他以獨創單人扯鈴技藝零失誤的表演，擊敗全球二十三隊代表，拿下最高榮譽——「首獎總統獎」，以及四個場次，共六千名觀眾票選第一名。曾經多次在國際大賽奪冠的林韋良說，他要把扯鈴活動藝術化，並且實現他最大的夢想——巡迴世界表演。沒錯，風帆早已經升起，夢想之船即將遠航！

延伸思考

一、你是否曾「自我覺察」？你是不是一個做事讀書都能專注的人？如果不是，那麼影響你的原因又是什麼？

二、在你的生活經驗中是否有過慘遭失敗的案例？對你有什麼啟發？

引導作文

古代在「萬般皆下品，唯有讀書高」的價值洪流中，讀書是市井小民唯一能出頭天的一條路。在時代進步的今日，所謂「三百六十五行，行行出狀元」，只要肯努力，在各行各業都能成為「達人」。而你心目中第一名的行業是什麼？請以「第一名的〇〇達人」為題，寫一篇完整的文章，敘述相關體驗、事例，或論說此一道理。

耕讀求道（二）忠於本色，知道我是誰

原文

一、耕所以[1]養生，讀所以明道，此耕讀之本原也，而後世乃假以[2]謀富貴矣。

二、世之言樂者，但曰讀書樂、田家樂。可知務[3]本業者，其境常安。

三、可以為常者[4]，必其平淡無奇，如耕田讀書之類是也。

四、家縱貧寒，也須留讀書種子。人雖富貴，不可忘稼穡[5]艱辛。

注釋

1. 所以：用來。
2. 乃假以：卻假借它用來。
3. 務：專心致力。
4. 可以常者：可以成為常久奉行的道理。
5. 稼穡：音ㄐㄧㄚˋ ㄙㄜˋ。播種和收穫的農事，泛指農業勞種。

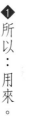

導讀　任真自得，野居閒樂

《論語・子張》：「子夏：『仕而優則學，學而優則仕』。」子夏主張，當官的人如果有餘力就要多加學習；而讀書人如果有餘力也可以出仕為官。但是如果身處亂世，未必有適合出仕為官的機會，那麼「安居田野，晴耕雨讀」也是士人自處的另一種選擇。

「晴耕雨讀」一語出自三國時代諸葛亮的〈鳳翔軒〉一詩：「樂躬耕於隴中兮，吾愛吾廬；聊寄傲於琴書兮，以待天時。」諸葛亮身處亂世，隱居隆中，雖懷抱奇才，自比管仲、樂毅，卻未遇明主，因此他寧可過著隱居田野，躬耕南陽，讀書自樂的日子。直到劉備以「三顧茅廬」的誠意感動他，他才願意離開隆中，為劉備效力。

而晉朝陶淵明著有〈五柳先生傳〉一文，可以說是自傳之作。他在文中自言：「閑靜少言，不慕榮利。好讀書，不求甚解；每有會

意，便欣然忘食。性嗜酒，家貧不能常得。」說明他的個性本來就不是愛好名利的人，每天讀書飲酒自有其樂。其實陶淵明原本也有用世之心，怎奈身處亂世，治世理想難以實現。加上官場文化的污濁黑暗，讓他興起不如歸去的念頭。所以生性淡泊的他，終究還是因「不為五斗米折腰」而解印辭官，歸居園野，從此過著辛勞又充實的耕讀生活，更寫下膾炙人口的〈歸園田居〉及〈飲酒詩〉多首。

然而農耕工作是萬分辛勞的，從陶淵明〈歸園田居〉其三：「種豆南山下，草盛豆苗稀，晨興理荒穢，帶月荷鋤歸，道狹草木長，夕露沾我衣，衣沾不足惜，但使願無違。」可以看出作者每天從早到晚辛苦耕作的情形，但是他甘於辛苦，只求無違己願。而在農暇之餘，陶淵明讀書自愉，飲酒自樂。但內心仍然是失落的，所以他只要有酒喝，總要喝醉，率性任真的性情表露無遺；即使面對「環堵蕭然，不蔽風日；短褐穿結，簞瓢屢空，晏如也！」這樣拮据的物質生活，陶淵明也以「常著文章自娛，頗示己志。忘懷得失，以此自終」的方式來超越。

陶淵明真真切切的在田裡勞動耕作，也實實在在地捧書對窗吟詠，過著醉心林野，悠遊書海的耕讀生活，直到六十三歲去世，未再踏進官場一步。他一生無違己心，無愧己願，「田園詩人之祖」之稱，實至名歸。

延伸思考

一、你是否認同陶潛「不為五斗米折腰」的做法？理由是什麼？

二、在你的生命成長過程中，你是否曾有「平淡為不凡」的體悟經驗？

引導作文

羅丹曾說：「這個世界並不缺乏美，而是缺乏發現。」大家每天過著緊張繁忙的生活，難得重回山林田野或體驗農家生活時，必然充滿新鮮及驚奇。請以「田園之美」為題，寫一篇完整的文章，敘述相關體驗、事例，或論說此一道理。

耕讀求道（二）

為有源頭活水來

原文

一、川學海而至海，故謀道者，不可有止心。莠❶非苗而似苗，故窮理者，不可無真見。

二、人知佛老❷為異端，不知凡背乎經常❸者，皆異端也。人知楊墨❹為邪說，不知凡涉於虛誕❺者，皆邪說也。

三、自虞廷立五倫為教❻，然後天下有大經❼。

注釋

❶莠：音ㄧㄡˇ。即狗尾草。一種田間常見的雜草，屬草本植物，葉子呈細長狀。

❷佛老：佛祖和老子。泛指佛教和道教。

❸背乎經常：違背人情之常。

❹楊墨：楊朱、墨翟。

❺虛誕：虛無荒誕。

❻虞廷立五倫為教：虞廷，虞舜之時。五倫，古時候指君臣、

自紫陽[8]集四子[9]成書，然後天下有正學。

四、紫陽補大學格致[10]之章，恐人誤入虛無，而必使之即物窮理，所以維正教也。陽明[11]取孟子良知之說，恐人徒事記誦，而必使之反己省心[12]，所以救末流也。

父子、夫婦、兄弟、朋友五種人倫關係。

❼大經：必然的法則、規律。

❽紫陽：即朱熹。他曾講學於紫陽書院，故稱紫陽先生。

❾集四子書：集注《論語》、《孟子》、《大學》、《中庸》四書。

❿格致：格物在致知。致知，獲得真知。

⓫陽明：王守仁。他因築室故鄉陽明洞，故稱陽明先生。

⓬反己省心：反求諸己，省思本心。

導讀 小心智慧硬碟中毒

戰國時代的荀子在〈勸學〉一文中，開宗明義提出：「學不可已。」又說：「學至乎沒而後止也。」常言說：「人要活到老，學到老。」更有人說：「當一個人停止學習時，他的生命已宣告死亡了。」所以人的一生都要持續學習，不斷精進。而所謂「學而不思則罔，思而不學則殆」，則說明學習必須「學習並行」才能獲得正確的知識及智慧。因此如何正確學習就益顯重要了。

一九九五年日本發生駭人聽聞的「東京地鐵沙林毒氣殺人事件」，造成許多無辜者受害，而發動這次恐怖攻擊行動的是日本國內的某教派。一般人對宗教的認識都是對人慈悲關懷，實在無法理解某教派為何會對人群採取攻擊行動。其實偏差的價值觀就像是電腦病毒，將會危害你的智慧。因此，認識及分辨正教與邪教的不同也是刻不容緩的事。

有些人一談到倫理道德就以為它是八股、僵化的教條。其實簡單來說，「倫理」就是「自我定位、各盡其責、各守本分」；而所謂「道德」則是「看重自己也尊重他人、人我之間互相關懷」。自古以來，儒家提倡「五倫」規範人際互動的合宜分際，固然有其價值，但是隨著時代的進步，人與人之間的關係及互動日益複雜，過去的五倫未必合用。所以法鼓山聖嚴法師提倡「心六倫」運動，其目的是為了「提昇人的品質，建設人間淨土」。希望藉由六倫來幫助臺灣社會與人心能夠淨化、平安、快樂、健康。所謂「六倫」是指「家庭倫理」、「生活倫理」、「校園倫理」、「自然倫理」、「職場倫理」和「族群倫理」。

從聖嚴法師所倡導的「心六倫」運動，我們可以了解，在現今複雜的人際關係網絡中，每一個人的角色都是多元，彼此都是一圈圈同心圓內的生命共同體，僅有一個人好不算好，要做到每個人都好，這樣才能打造祥和美好的社會。但身處工商業社會，「競爭」已是難以避免的惡。如何才能良性競爭？如何減低因惡性競爭造成的衝突或傷害？這將是我們要共同努力的課題。

如果說正教、正學就像車子穩當無誤的方向盤，能帶領我們朝向正確的道路前進，那麼宗教情懷所強調的利他，其實就是自利利己的大油箱，可以帶給我們前進的生命動力，願大家一起努力為自己、也為別人加油！

延伸思考

一、現在人強調自我主張，你是否認同「只要我喜歡，有什麼不可以」這樣的論點？理由是什麼？

二、你是否認同聖嚴法師所提倡的「心六倫運動」？你認為身為一個學生，如何來協助推動「心六倫運動」？

引導作文

倫理道德不是教條更不是口號，它是維繫社會秩序的規儀。而誠信、負責、守分、知足、感恩、善解、關懷……諸多優良品德更是自我修養的好目標。請以「我最重視的品德」為題，寫一篇完整的文章，敘述相關體驗、事例，或論說此一道理。

貧賤勤儉（一）

生命中的維他命

原文

一、無位非賤❶，無恥乃為賤。

二、貧賤非辱，貧賤而諂❷求於人者為辱。

三、飽暖人所共羨，然使享一生飽暖，而氣昏志惰❸，豈足有為？

四、饑寒人所不甘❹，然必帶幾分饑寒，則神緊骨堅❺，乃能任事。

五、一生快活皆庸福❻。萬種艱辛出偉人。

注釋

❶賤：卑微低下。

❷諂：音ㄔㄢˇ。奉承別人。

❸氣昏志惰：士氣昏沉，心志怠惰。

❹甘：樂意的。

❺神緊骨堅：精神抖擻，心志堅強。

❻庸福：平凡的幸福。

西方有一句諺語是這麼說的：「你是什麼比你有什麼更重要。」「你是什麼」指的是你內在具有的特質；「你有什麼」指的是你外在擁有的條件。內在的價值觀、信念等都是恆常持久的；而外有的名利財富都是短暫易失的。評判一個人的價值標準在於他的道德品格的高低，而不是他的功業成就的大小。

生命從來就不是一件簡單的事，它是一場又一場的體驗，一項又一項的考驗。《孟子》曰：「天將降大任於是人也，必先苦其心志，勞其筋骨，餓其體膚，空乏其身，行拂亂其所為，所以動心忍性，曾益其所不能。」這一段話大家都耳熟能詳。無論是磨練心志、勞動筋骨，挨餓受凍，飽受窮困、行事受挫等際遇，都是上天為了成就你，用來打擊你、鞭策你、激勵你的資糧及關卡而已。所以有人說：「苦難是偽裝的祝福。」關鍵在於我們是否能獨具慧眼，穿透布滿荊棘的表象，看到這份豐厚的大禮物，享受這份特選的大幸福。

孟子曾說：「富貴不能淫，貧賤不能移，威武不能屈，此之謂大丈夫。」其意是富貴不能使他心志迷惑，貧賤不能使他節操改變，武力不能使他人格屈服，這樣的人才能稱做大丈夫。而宋朝名臣范仲淹就是這樣一個了不起的大丈夫！他是一位集政治家、文學家、軍事家、教育家於一身的人格高尚者，被後人譽為「天下第一流人物」。

范仲淹兩歲喪父，隨母改嫁，改名朱說。後來他知道身世後決定離開富裕的朱家，改回原來的姓名，自己過日子。因此范仲淹早年孤貧，生活窮苦，曾經每天以糙米煮一鍋粥凝凍後，用刀子劃成四份，早晚各取兩份進食充饑。又將野菜用鹽水浸泡後細切做為配菜佐餐，這就是「斷虀畫粥」的由來。

范仲淹早年並沒有因為生活的艱難而放棄理想及努力，所以能夠成為朝廷重臣，造福百姓。後來他雖然身居高位，享有厚祿，但是不為利益所動。他把自己的俸祿用來設置義田，救濟親族貧民，所以自己一生窮困。不僅沒有一座像樣的宅第可居住，甚至連死後，子孫都沒有餘錢為他辦理喪事。但鄉親們到祠堂為之哀悼痛哭，主動為他齋戒三天，敬愛之情，令人動容。足見范仲淹一生的義行深烙民心，他所立下的人格典範，千古流芳！

延伸思考

一、古人說：「一文錢逼死英雄漢。」也有人說：「錢不是萬能，但沒有錢萬萬不能。」你是否認同這樣的說法？理由是什麼？

二、對於范仲淹這樣一位「千古風流人物」，你最想向他學習的是什麼？理由是什麼？又應如何實踐？

引導作文

一個人生存在這個世界上，每天生活所需都離不開錢。每個人也都希望自己手上有足夠的錢可以運用。更有人說：「有錢能使鬼推磨」，金錢似乎是具有無上的法力，無所不能。請以「我的金錢」為題，寫一篇完整的文章，敘述相關體驗、事例，或論說此一道理。

貧賤勤儉（二）向顏回大師致敬

原文

一、貧如顏子[1]，其樂不因以[2]改，可知境遇不足困[3]人也。

二、人不患貧，只要貧而有志。

三、貧者士之常，士不安貧，乃反其常[4]。

四、貧無可奈[5]，惟求儉。拙[6]亦何妨，只要勤。

五、清貧[7]，即種田人豐年。

注釋

1. 顏子：即顏回，字子淵，也稱顏淵。為孔子的得意門生。
2. 以：因而。
3. 「困」人：困住。
4. 乃反其常：是違反通常的道理。
5. 奈：奈何、如何。
6. 拙：不靈敏的。
7. 清貧：清寒貧苦。

一個人活在世間，除了滿足最基本的生存及生活的物質需求，如饑渴飽暖、安全關愛等之外；更重要的是滿足自我超越及成長的心靈需求。如果一個人的一生可以自我設定，我想沒有人會選擇出身貧苦或一生窮困。但無論是出身貧苦或一生窮困的際遇，都非我們可以自由選擇，我們唯一可以選擇的是面對這些困境的態度，而此一「態度」也就是心靈層次中生命智慧的展現。

隨著文明的發展及進步，繼IQ（智力商數）之後，EQ（情緒商數）、AQ（逆境商數）、MQ（道德商數）、CQ（創意商數）等各種商數也不斷被提出。而這些商數之所以日顯重要，是因為它們都指涉同一個面向：商數提高，可以使自己的生活過得更好、人生過得更有意義、生命顯得更有價值。因為我們擁有充滿智慧能量的心力，所以清貧所造成的物質不足，並不能影響心靈世界的富足。

古人常說：「知足常樂」，簡單的四個字，大家都能朗朗上口，但是能夠真正在生命中實踐的人並不多，而顏回就是個中翹楚。顏回是孔子最得意的門生，《論語・雍也》子曰：「賢哉回也！一簞食，一瓢飲，在陋巷，人不堪其憂，回也不改其樂。」孔子大大的肯定並讚美顏回。儘管顏回生活的物質條件是如此艱苦，但是他絲毫不受侷限，一舉超越生活層次的匱乏，享有更高層次的心靈快樂。

顏回之所以能夠做到「不為困境所困」，「處逆境而心安」是因為他有過人的EQ（情緒商數）及AQ（逆境商數）。的確，有良好的EQ（情緒商數），也就是良好的情緒管理能力，比較能夠對自我及他人的情緒有敏銳的覺察及感受，並且進行客觀的分析評估，然後採取正確的回應模式。這樣就不會成為情緒的奴隸，在一時情緒衝動之下說出不理性的話或做出傷人害己的事情。如果我們能夠了解情緒並成為掌握情緒的主人，這樣不但自己活得輕鬆，與別人相處也會很自在。

當然，顏回更具有高 AQ（逆境商數），面對困境時能夠轉變心念，對於自己的人生境遇能夠進行正向思考，持續勤儉好學，化壓力為助力，所以能夠無入而不自得，化楚苦為悅樂，展現高度的生命智慧及驚人的心靈力量，不愧為孔門弟子第一人。

延伸思考

一、你對自己的物質生活是否感到滿意？你對「清貧」二字的體悟是什麼？你是否認同心存儉勤，就能做到安於清貧？

二、你認為自己的EQ（情緒商數）及AQ（逆境商數）高不高？你是否曾因為一時的情緒失控而做出令自己或他人感到遺憾的事？

引導作文

每一個人都希望自己的願望能夠實現。如果上天真的賜給你能夠實現三個願望的神燈，那麼你要向神燈許下什麼願望呢？請以「我有一個願望」為題，寫一篇完整的文章，敘述相關體驗、事例，或論說此一道理。

貧賤勤儉（二）

心靈自由的國度

原文

一、守分安貧，何等清閒❶，而好事❷者，偏自尋煩惱。

二、窮之最難耐者能耐之，苦定回甘。

三、子貢❸之無諂，原思❹之坐弦❺，是賢人守貧窮之法。

四、草春榮❻而冬枯，至於極枯，則又生矣。困窮而有振興志者，亦如是也。

五、家之貧窮者，謀奔走以給衣食，衣食未必能充。何若自謀本業❼，知民生在勤，定當有濟。

注釋

❶清閒：清心悠閒。

❷好事：喜愛興造事端。

❸子貢：端木賜，字子貢。孔門弟子中以善言語及經商聞名。

❹原思：原憲，字子思，又稱原思、仲憲。孔子的弟子。

❺坐弦：安坐彈琴。孔子死後，原思隱居安貧。

❻榮：茂盛。

❼本業：指晴耕雨讀。

「貧窮」對一般人而言，實在不是一件好事。《論語・衛靈公》子曰：「君子固窮，小人窮斯濫矣。」可見對於「貧窮」所帶給人們的考驗，唯有品德修養高的人可以安然固守「貧窮」，而常人則容易陷入「飽暖思淫慾、飢寒起盜心」的惡性循環中。因此早在漢朝揚雄就寫下〈逐窮賦〉了，唐朝的韓愈也有〈送窮文〉一作，而唐朝姚合所作〈晦日送窮詩〉：「年年到此日，瀝酒拜街中。萬戶千門看，無人不送窮。」道盡了人們畏窮惡窮進而興發送窮的卑微願望。

在臺灣，曾經因為經濟環境的富裕，而出現「臺灣錢淹腳目」（比喻臺灣人非常有錢）這樣的諺語。而我們一般人的生活也就從基本需求走向競相奢華豪靡的田地了。而在二〇〇八年，從美國雷曼兄弟公司倒閉引發一連串骨牌效應，千億美金瞬間蒸發消失，連帶影響世界各國發生「金融海嘯」之後，眾多投資人的財富突然大幅縮水，有人甚至血本無歸。一時間擺脫過去極奢極靡的不良風氣，回歸簡樸生活的呼聲震天。而學者專家更不斷提出呼籲：「大家要有過苦日子的心理準備了。」

於是社會上充斥著「清貧度日」的消極氛圍。而慈濟基金會的證嚴師父則提出「清貧致福」的積極思維。證嚴師父對「清貧」二字提出新解：「清者，清淨、自在；貧者，清淡、歸樸。」其實，在無止盡的相競奢華世風之下，所產生的「心貧」才是可怕的「心靈海嘯」。但是面對有形的金錢數字的大減損，大家都能感受到「金融海嘯」的威力；但是對於無形的「心貧」，造成的「心靈海嘯」卻沒有多少感受。

過去，因大家太熱衷投身金錢遊戲而發生「金融海嘯」，以致一些核心信念如誠信、負責、倫理等價值觀崩解，所以「清貧」是治療「心貧」的最佳良方。雖然現在的物質生活不像過去那樣富裕，卻也正是大家可以從「經濟動物」、「金錢機器」的波濤中，重新找回單純過生活的良機。

的確，唯有大家深刻體悟「清貧生活」可以帶來清淨自在、清淡歸樸的心靈富足，那麼就會了解「清貧致富」是送給自己最貴重的生命大禮！

延伸思考

一、磨難有時會折損一個人的士氣，你認為一個家境窮困的年輕人要怎麼做，才是「人窮志不窮」的表現？

二、你認為什麼是「心貧」？你願不願意實踐「清貧」生活的方式？為什麼？

引導作文

每一個人在成長的過程中都曾經有過收到或送出禮物的經驗，無論送禮或收禮的對象是親人或好友，當你收到禮物時，你的心情如何？當你送出禮物時，你的心情又是如何？請以「禮物」為題，寫一篇完整的文章，敘述相關體驗、事例，或論說此一道理。

貧賤勤儉

四 簡約的奢華享受

原文

一、自奉❶必減幾分方好。

二、日用必須簡省❷。杜❸奢端，即以昭❹儉德。

三、儉可養❺廉，覺❻茅舍竹籬，自饒❼清趣❽。

四、傳家得勤儉意便佳。

注釋

❶自奉：自己日常生活的享用。

❷簡省：簡約節省。

❸杜：杜絕。

❹昭：昭示。

❺養：涵養。

❻覺：醒悟。

❼饒：豐富。

❽清趣：清雅意趣。

導讀 勤儉一生樂逍遙

臺塑集團董事長王永慶先生素有「經營之神」的美譽，他從小米店的工人開始做起，經過數十年持續的努力奮鬥，終於成就龐大的事業版圖。每當有人問他成功的秘訣，他總是說：「成功沒有捷徑，唯有勤儉努力，從基層做起。」他的企業經營理念就是體認人性「由儉入奢易，由奢入儉難」，所以「勤勞、節儉、務實」也是台塑集團的共同精神指標。

王永慶先生曾說：「勤勞樸實，不是小氣，是一種精神、是一種警覺、一種良好的習慣。」或許我們難以想像，曾經生活極窮困的王永慶先生，雖然已是家財萬貫的大富翁，卻依然保有未發跡前的節儉習慣。例如：他所使用的的毛巾一用近三十年，早已經破破爛爛，卻毫不介意，表示還可用就好了。他的座車也是一用近二十年，未曾換新車；至於公司報表則要求小數點不要印出來，這樣可以節省墨水和

紙張；他也利用回收紙背面、甚至四邊留白處寫作；喝咖啡時倒完奶精，會把殘餘的奶精沖出來加入咖啡中，一絲一毫都不浪費。

王永慶先生家中的肥皂用到最後，會貼在新肥皂上繼續使用，甚至把最後的肥皂片丟到水裡，當做肥皂水使用；他的頭髮每個月修整一次，「只剪不洗」，剪一次約兩百元。另外還有一個小故事也令人津津樂道。有一天，王永慶的小舅子從香港帶了兩條領帶送他，一條是一二〇〇元，小舅子深知王永慶生性節儉，於是跟王永慶說一條只要一二〇元。隔天，王永慶把小舅子叫進辦公室問他：「南亞做的領帶一條四十元，你為何要從香港買一條一二〇元的？」王永慶先生樂善好施，參與公益一擲千金毫不吝惜，但對自己卻是如此的節儉！

其實王永慶先生也了解，當一個人曾經過得非常辛苦，一旦有錢了，難免會想要犒賞慰勞自己，享受一下，這也是人情之常。但他清楚的知道：「有了成就就放鬆，一放鬆什麼都會忘了。」這樣一來就會掉入欲望黑洞，無法停止，最後就會「役於物」，淪為欲望的奴隸！王永慶先生向來抱持知足感恩的心態，不把注意力放在自己身上，而是放在別人身上，希望讓別人過得好，所以自己的欲望自然降低。因為他的嚴以克己，主張並力行「省一塊錢，等於淨賺一塊錢」，所以不僅創立了台塑集團，也是成功企業家的人格典範。

延伸思考

一、你認為「小氣」和「節儉」有何不同？你如何區辨二者的不同？

二、你認為企業家的「社會責任」是什麼？如果你是企業家，你會如何回饋社會？

引導作文

王永慶先生是臺灣經濟發展的傳奇人物，有關他的奮鬥史或他為人處世的原則等，有很多值得我們學習的地方。請就個人所知，以「王永慶先生帶給我的啟示」為題，寫一篇完整的文章，敘述相關體驗、事例，或論說此一道理。

富貴榮華

（一）鏡花水月的富貴

原文

一、富貴乃煙雲幻形❶。

二、自家富貴不著意裡❷，人家富貴不著眼裡❸，此是何等胸襟！

三、意趣清高❹，利祿不能動❺也。志量遠大，富貴不能淫❻也。

注釋

❶煙雲幻形：如煙似雲一般虛幻不實。

❷不著意裡：不以此自傲。

❸不著眼裡：不眼紅嫉妒。

❹意趣清高：思想志趣純潔高尚，不與人同流合汙。

❺動：撼動。

❻淫：迷惑。

《論語・公冶長》子曰：「蓋各言爾志！」顏淵曰：「願無伐善、無施勞。」顏回希望自己能夠做到「不要誇耀自己的才能，不要張揚自己的功勞」這是至高的修養。而一般人除了喜歡誇耀才能和功勞外，也容易陷入「炫耀富貴」的迷失。孔子也說：「不義而富且貴，於我如浮雲。」孔子能看淡富貴，將富貴視為浮雲，也是一般人不容易達到的境界。

當一個人擁有富貴時，很容易產生「炫耀」的心理；同樣的，看別人享富貴，從眼紅到嫉妒，那把嫉妒火的殺傷力是很大的。「嫉妒症候群」的臨床症狀包括：在情緒上充滿爭競、憤恨、苦毒、不平，自傲或自卑等傷害性的情緒，而且容易導致思考窄化的現象。難怪一般人都把「嫉妒」比喻為毒蛇，而詩人艾青則將「嫉妒」比喻為「心靈的毒瘤」。所以我們要時時覺察自己的內心，了解自己的感受，才

不會被嫉妒這把無明火灼傷而不自知。

根據醫學上的研究，當你心理不知不覺中升起嫉妒之火時，你會有一種熱熱的、刺刺的、很不舒服的感覺。在生理上，也可能因情緒的影響而產生頭痛、胃痛、心悸、失眠等，更嚴重的話，可能導致內分泌失調、免疫力下降等等。之所以會嫉妒，常常是因為自信心不足而產生「愛比較的心理」。事實上，天生萬物各有價值，每個人都是無法取代的唯一，無須也無從比較。更何況富貴是身外之物，也就更不值得競逐或嫉妒了。

試看彌勒佛：「大肚能容，容世上難容之事；開口常笑，笑天下可笑之人。」想要消除嫉妒的無情傷害，最好的消火秘方就是要「轉念」。所謂「一念心轉」，只要能認清世間富貴如夢幻泡影，享有富貴時易遭嫉恨或算計；而大限來時，再多富貴也萬般帶不走，所以實在不值得執著眷戀。因此當我們擁有富貴時，不需自我炫耀，沒有富貴時，也不必嫉妒他人，隨境安處才是王道。

布袋和尚說：「行也布袋，坐也布袋，放下布袋，何等自在。」唯有從心裡擺落對「富貴」這只大布袋的掛礙，生活自有意趣，自能感受自在的清涼。俗話說：「凡事從善處著想，益處著眼，人人是好人，事事是好事。」富貴與否，一切都好！

延伸思考

一、詩人艾青將「嫉妒」比喻為「心靈的毒瘤」，如果是你會將「嫉妒」比喻成什麼呢？你的理由又是什麼？

二、你是否曾經有過自傲或嫉妒的經驗？當下你的感覺如何？事後的感覺又是如何？請試著與大家分享。

引導作文

每一個人活在世上，一生中總會經歷很多不同的人或事，也會體驗酸甜苦辣等各種感受，產生喜怒哀樂等不同情緒。在你的生命經驗中是否曾經發生過重大或特殊的事件，讓你的心靈產生震盪不安的痛苦？請以「一場心靈的風暴」為題，寫一篇完整的文章，敘述相關體驗、事例，或論說此一道理。

富貴榮華（二）

稱職的錢櫃大當家

原文

一、蓮朝開而暮合，至不能合，則將落矣。富貴而無收斂❶意者，尚其鑒❷之。

二、人皆欲富也，且問萬貫纏腰❸，如何布置❹？

三、富貴非榮❺，富貴而利濟❻於世者為榮。

四、財不患❼其不得，患財得而不能善用其財。祿不患其不來，患祿來而不能無愧其祿。

注釋

❶斂：檢點言行。

❷鑒：誡慎警惕。

❸萬貫纏腰：比喻極為富有。貫，古代錢幣的單位。

❹布置：安排部署。

❺榮：榮耀。

❻利濟：利益救濟。

❼患：憂心。

如果有能力，賺錢不是難事，更不是壞事，問題是賺了錢之後呢？孟加拉，一個政府貪腐程度世界有名的國家，一個全國人口有百分之七十五文盲，而且七成地區缺乏水電的貧困國家，政府無力解決或改善人民的貧困，而穆罕默德‧尤努斯卻做到了，他也因而獲得了二〇〇六年的諾貝爾和平獎。

穆罕默德‧尤努斯出生於孟加拉，家境富裕，是留美的經濟博士。他於一九七二年放棄在美國的優渥生活，回到孟加拉，進入貧窮的家鄉，用心觀察窮人的生活，希望找出解決貧困的辦法。四年後，他創立了世界上第一家專為窮人服務的銀行：「鄉村銀行」，協助無數村民擺脫窮困。尤努斯的鄉村銀行創立於一九七六年孟加拉的喬布拉村，第一次的放款是借貸二十六美元給二十二個家庭。因為實行微型貸款和「五人互保」制度，不僅造就了一個獲利的組織，並且幫助

超過一億人擺離貧困。但是尤努斯認為「鄉村銀行」為一種「社會企業」，獲利不是主要目標，而是可以回收投資，並擴大經營規模，幫助更多的窮困者。

「鄉村銀行」能夠成功，是因為尤努斯勇於挑戰傳統，具有很進步的思維及做法。他認為貧窮是制度問題，必須從根本來解決社會問題。因為在孟加拉，一般家庭的收入都是男人掌控。但尤努斯發現：「婦女會把錢用在家庭及孩子身上，而丈夫則是用於消遣娛樂」。所以尤努斯把放款對象限定為女性，並花費很大的時間跟心力向婦女說明，女人可以用錢，借來的錢要貼補家用，不可拿給丈夫娛樂花用，若借款流向丈夫娛樂，就匯集村民的力量逼討帳款，也要求借款人一定要存款。而每周還款制度，行員可藉由每周一次的親自收款，瞭解並協助客戶脫離貧困。慢慢的借錢的婦女變多了，鄉村銀行的會員百分之九十六都是婦女。

再者，尤努斯也幫助窮人建立商業的概念。窮人用貸款買材料，製作並販賣成品，共同建立市集、擴大交易規模，把賺來的錢，再投資買更多材料來生財，讓資金利潤能良性循環。尤努斯所做的一切都是為了公益，他認為只要有心，一個人也可以改變這個世界。而他的最終目標就是——把貧窮送進博物館。

延伸思考

一、你認為穆罕默德・尤努斯具有哪些值得我們學習的地方？你最想向他學習什麼？請試著說明理由並與大家分享。

二、你是否認同穆罕默德・尤努斯所說的：「只要有心，一個人也可以改變這個世界？」你認為自己可以為「改變這個世界做些什麼事」？

引導作文

改革是一件很困難的事，國父　孫中山先生為了推翻腐敗的滿清政府，歷經出生入死的十次革命失敗，才改寫了中華民族的命運，造福了後代子孫。如果你也有機會進行改革，你最感興趣的是什麼？你又將如何進行改革工作呢？請以「我最想進行的一次改革」為題，寫一篇完整的文章，敘述相關體驗、事例，或論說此一道理。

富貴榮華

二 坐擁鈔票貶值中

原文

一、財足以累[1]己，而以有財處亂世，其累尤深。

二、富不肯讀書，貴不肯積德，錯過可惜也。

三、富貴易生禍端，必忠厚謙恭，才無大患。

四、衣祿原有定數[2]，必節儉簡省，乃可久延。

五、發達[3]雖命定，亦由肯做工夫[4]。福壽[5]雖天生，還是多行陰騭[6]。

注釋

1. 累：音ㄌㄟˋ。牽累。
2. 定數：命定之數。
3. 發達：輝煌騰達。
4. 做工夫：實踐累積。
5. 福壽：福祿壽命。
6. 陰騭：本指冥冥之天在暗中保護人們。此處指暗中行善的功德。騭，音ㄓˋ。馬遲頓不行。

一般人總是幻想著：如果我很有錢，就可以隨心所欲地做自己想做的事，買自己想買的東西，過自己想過的日子，盡情享受美好的人生……。可是根據「世界快樂地圖」的調查報告，丹麥名列快樂國家的榜首。原因除了是國民收入高、人口少，更重要的是「求學無憂、失業無慌、生病無懼」等完備的社會福利令人心安快樂。

其實不僅是丹麥，北歐各國快樂的原因都與社會福利制度有關係，因為貧富差距過大是引發社會苦難的原因之一，而有「喜馬拉雅山下香格里拉」之稱的不丹，雖然國民平均所得只有臺灣的二十分之一，卻高居快樂排行榜的第八名。因為不丹致力於追求社會公平正義，重視分享及互助。不丹人的快樂不是來自於外在物質慾望的滿足，而是來自信仰與觀念的知足。不丹人認為「真正的貧窮」是指無法施與他人。所以全國百分之九十七的人都覺得很快樂。

在臺灣，由趨勢科技公司創辦人張明正先生及文化人王文華先生共同創立的「若水國際有限公司」，是一個很有理想性的「社會企業」。他們的願景是：「動員有創新精神的人才，在亞洲創造社會公益。」他們希望在亞洲各國創造「社會企業」產業，藉由資源的整合，消弭各國社會在教育、就業、財富、醫療等機會不平等的現象。

貧富不均的問題自古皆然，詩聖杜甫也曾有：「朱門酒肉臭，路有凍死骨」的感嘆。杜甫身處唐朝安史之亂，百姓民不聊生的苦難中。現在的我們比較幸運，沒有遭逢戰亂之苦。而且有更多社會企業願意挺身協助那些較為弱勢的人群。常言道：「與其給他魚，不如給他釣竿」，近年來，像若水公司這種屬於公益性質的社會企業愈來愈多，這些社會企業的基本訴求或是共同願景都是「希望以商業的方式解決社會問題」。不管是喜憨兒的烘焙屋或陽光之友的洗車中心，都是協助弱勢者能回到社會與人互動，並且有能力謀生自助。

若水公司說得好：「參與公益，應該從年輕時開始。公益不是退休富人的贖罪券，而是青春年少的蛋白質。解決社會問題，除了慈悲之心，還需要商業技巧。好的商業模式，可以讓公益組織或活動永續經營。」有一句話是這樣說的：「布施是經營財富的價值，種福乃過手財富的原因。」希望有更多公益性的社會企業成為天下第一財主，發揮金錢的最大價值——造福更多需要幫助的人，早日實現「大同世界」的美麗新世界！

延伸思考

一、你認為是「快樂的人比較有錢？」還是「有錢的人比較快樂？」理由是什麼？

二、你是否認同「布施是經營財富的價值」這句話的說法？你是否曾經有布施助人的經驗？請試著說明並與大家分享。

引導作文

古人常說：「人在福中不知福」，人們總是把自己擁有的幸福視為理所當然，卻不懂得那是莫大的福氣。總是要等到失去之後才感到後悔、遺憾，可惜常常為時已晚。請以「珍惜」為題，寫一篇完整的文章，敘述相關體驗、事例，或論說此一道理。

富貴榮華

四 金錢遊戲，超級比一比

原文

一、衣取其蔽體[1]，食取其充饑[2]，此衣食之實用也，而時人乃藉以逞[3]豪奢矣。

二、風俗之壞，多起於富貴之奢淫[4]。

三、人皆欲多積財，石崇[5]乃因多積財而喪命。

四、人皆欲貴也，請問一官到手，怎樣施行？

五、仕宦雖稱顯貴，若官箴[6]有玷[7]，亦未見其榮。

注釋

1. 蔽體：遮蔽身體。
2. 充饑：填飽肚子。
3. 逞：顯示。
4. 奢淫：奢靡浪費，荒淫無度。
5. 石崇：晉朝人，生活奢華，因愛妾綠珠而被孫秀所害。
6. 官箴：泛指對官吏的勸誡。
7. 玷：玷，音ㄉㄧㄢˋ。汙點、缺點。

生活所需的衣食，是生存的基本條件。除此之外，富豪競相較量豪宅大戶、進口名貴跑車、黃金鑽石、婚禮排場……，殊不知金錢遊戲是無止盡的，一旦陷入欲望的黑洞，將迷失自我，找不到回歸路。時下的卡奴多因為無法抑制欲望，狂買狂刷，享受了短暫快樂後，面對如雪球愈滾愈大的卡債，那種還不出錢的痛苦，是備受煎熬的。

宋朝的大將軍岳飛曾說過：「文臣不愛錢，武臣不怕死，則天下平矣。」明末的顧炎武在〈廉恥〉一文中，也提出「蓋不廉則無所不取，不恥則無所不為。」又說：「故士大夫之無恥，是謂國恥。」已說明貪婪之心既起，將如星火燎原，一發不可收拾。中國大陸近年來流行一個名詞：「豆腐渣工程」，用來指稱因為官商勾結、偷工減料，施工品質特爛的黑心工程。從江西省九江市新建堤防的崩塌、四川大地震中不堪一震的校舍、新建倒塌的黑龍江跨海大橋等等，多起

「豆腐渣工程」不顧百姓安危，害人性命無數，已深深引發群怒，要求政府負責改進。

又前菲律賓總統馬可仕，因主張經濟和社會改革而上臺。可惜，卻在任職期間以腐敗的資本主義和政治打壓而聞名，成為不顧百姓死活，可怕的獨裁者。馬可仕在一九八六年因選舉舞弊導致群眾大規模抗議，而被迫卸任逃亡夏威夷，後來因心臟病發，病逝於美國檀香山，享年七十二歲。據估計，馬可仕在位期間斂財高達數十億美元。

在菲律賓，馬可仕家族已成為等同於「貪污、豪奢、暴行」的代名詞。前第一夫人伊美黛擁有鞋子三千多雙。這麼多雙鞋子，就算她每天穿一雙，十年恐怕也穿不完。在馬可仕下臺之後，菲律賓政府沒收了伊美黛的鞋子，蓋了一座鞋子博物館，讓百姓見識到她掌權時極度奢華的一面。

身為一個人，應追求生命的「價值」，而不要成為欲望的奴隸，把自己降格物化，淪為市場的商品，只剩「價格」。臺灣這些年來，有不少離鄉背井的遊子，紛紛收拾行囊，返回故鄉開創新生活，衣食夠用即可，真實生活才是無價的。因為人們已深刻體會「還鄉幸福，幸福還鄉」是生命真正的財富。

延伸思考

一、時代潮流不斷變遷，你是否也喜歡追逐流行，崇尚名牌？你是否也常常更換新手機？

二、你是否有儲蓄的習慣？你對自己的零用錢的使用如何規畫？

引導作文

菲律賓前第一夫人伊美黛一個人居然擁有高達三千雙鞋子，數量之多令人咋舌。其實，就物質生活而言，一個人需要的不多，但是想要的太多。如果無法節制欲望，很容易就會走向奢華過度。請以「最重要的一雙鞋」為題，寫一篇完整的文章，敘述相關體驗、事例，或論說此一道理。

教育子弟（一）人間最甜蜜的負擔

原文

一、何謂創家[1]之人？能教子者便是。

二、成就人才，即是栽培子弟。暴殄[2]天物，自應折磨兒孫。

三、薄族者[3]，必無好兒孫。薄師者[4]，必無佳子弟。吾所見亦多矣。

四、父兄有善行，子弟學之或無不肖[5]。父兄有惡行，子弟學之則無不肖[6]。可知父兄教子弟，必正其身以率之，無庸徒事言詞也[7]。

注釋

1. 創家：創立家業。
2. 殄：音ㄊㄧㄢˇ。毀害。
3. 薄族者：刻薄對待族人的人。
4. 薄師者：刻薄對待老師的人。
5. 或無不肖：或許沒有不相像。
6. 則無不肖：就沒有不相像。
7. 無庸徒事言詞：只是使用言詞說教。無庸，不需要。

導讀 世界上最困難的事業

古人常說：「養不教，父之過。」父母是孩子最早也重要的家庭老師。《論語》裡「趨庭之教」的故事，曾紀錄孔子以「不學詩，無以言」、「不學禮，無以立」來督促兒子孔鯉要努力學習，孔子在教育學生和自己的孩子時是一樣的用心。而在少子化的今日，每一個孩子都是父母的心肝寶貝，本來父母疼愛孩子也是天經地義的事，但是要如何愛得有智慧則是一門高深的學問。

「王品」是臺灣目前最大的餐飲連鎖集團，除了王品牛排以外，旗下的事業體還包括陶板屋、夏慕尼、西堤牛排、原燒、聚、北海道昆布鍋等多個品牌，兩岸店數已逾百家，年營業額高達數十億，成為上市公司。而王品集團董事長戴勝益先生，這位成功的創業家，在自己一手創立的事業王國中卻設立「非親條款」，堅決不讓子女進入他的餐飲王國。他的一兒一女想去任何一個事業體「上班」都不行，更

別說是「接班」了。除此之外，戴勝益先生將要把百分之八十的財產捐做公益，一子一女只各留百分之五，而且必須在子女滿三十五歲之後才能動用這筆錢。所以，戴勝益先生不只是擋了自己子女的「前途」，更斷了他們的「財路」。

戴勝益先生說他在創業之前，也曾掙扎過，要不要捨棄自己原有的製帽業自立門戶？後來想到洛夫的詩：「如果你迷戀厚實的屋頂，就會失去浩瀚的繁星。」而他，不想要失去浩瀚的繁星，所以勇敢選擇自己創業。在這條艱辛的創業路上，戴勝益先生歷經多次失敗，但是他愈挫愈勇，終於創立了「王品集團」，他不僅獲得財富上的成功，也得到自我實現的價值。所以他不要自己的孩子只是坐享其成，失去挑戰自己、發揮潛能的機會。

我們常說要培養孩子「帶著走的能力」，其中最重要的就是要有自己解決問題的能力，不管是工作上或生活上的。戴勝益先生眼看著兒子掉入網購陷阱，吃虧上當，卻不出手相救；因為他要讓孩子親身體會犯錯，才能真正學會自我照顧及面對問題的能力。他自己的生活

愈過愈簡單，他的孩子到了高中，每個月的零月錢只有一千元，因為他要孩子知道人間疾苦。他以智慧來培育人格健全的孩子，克制寵溺孩子的本能，實在是非常了不起。

延伸思考

一、如果你是戴勝益先生的子女，你會同意父親的觀點或做法嗎？

二、你贊不贊同「再富都要窮孩子」這句話？理由是什麼？

引導作文

一個人從呱呱墜地到長大成人，父母親對我們的養育之恩無以回報。當然，父母對我們的影響也非常重大且深遠。你認為父母給孩子最重要的教養是什麼？請以「父母教會我的最重要的事」為題，寫一篇完整的文章，敘述相關體驗、事例，或論說此一道理。

教育子弟（二）再富有都要窮孩子

原文

一、與其為子孫謀產業❶，不如教子孫習恆業❷。

二、積善之家必有餘慶❸；積不善之家必有餘殃❹。可知積善以遺子孫，其謀甚遠也。賢而多財則損其志❺，愚昧而多財則益其過❻，可知積財以遺子孫，其害無窮也。

三、家之富厚者，積田產以遺子孫，子孫未必能保。不如廣積陰功❼，使天眷其德，

注釋

❶產業：田產家業。

❷恆業：可以長久發展的事業或技能。

❸餘慶：泛指祖先留給子孫的福蔭恩澤。

❹餘殃：泛指祖先留給子孫的災禍不幸。

❺損其志：減損子孫的志氣。

❻益其過：增加子孫的過失。

❼陰功：即陰德。默默行善不為

或可少延。

四、念祖考創家基，不知櫛風沐雨❽，受多少苦辛，才能足食足衣，以貽❾後世。為子孫計長久，除卻讀書耕田，恐別無生活，總期克勤克儉❿，毋負先人⓫。

人知的功德。佛家所謂：「惡盡言功，善滿曰德。」

❽櫛風沐雨：形容人經常在外面不顧風雨地辛苦奔波。櫛，梳頭髮。沐，洗頭髮。

❾貽：音ㄧˊ。通「遺」，遺留。

❿克勤克儉：既能勤勞，又能節儉。克，能夠。

⓫毋負先人：不要辜負祖先。

古人常說：「富不過三代。」因為在財富中長大的孩子常常被照顧得太周到，保護得太過度，而失去自我磨練及成長的機會。而豪門世家的大家長一旦撒手人寰之後，家族親人之間上演「手足爭產互嗆互鬥」、「兄弟反目成仇」等人倫悲劇更是時有所聞，令人不禁搖頭嘆息。

美國微軟公司的董事長比爾•蓋茲，在一九九三年秋天，他到非洲旅遊，看到了無數餓得皮包骨的孩子，當地人民的貧困，讓他的心靈受到極大震撼！因為出生於西雅圖的比爾•蓋茲，他的父親是律師，母親是銀行的董事，他有良好的成長環境。若非親眼目睹非洲難民的慘狀，他大概難以想像在同一個地球上，居然有人是如此艱辛的求取生存。

比爾・蓋茲回國後，即著手籌備成立基金會，展開慈善救援工作。在二〇〇〇年，比爾・蓋茲夫婦正式成立了「比爾和梅琳達・蓋茲基金會」。二〇〇三年，比爾・蓋茲更宣布將自己百分之九十八的財產留給基金會。這個基金會為貧困學生提供獎學金、以及在愛滋病、瘧疾和肺結核的防治方面有很大的貢獻。二〇〇六年，比爾・蓋茨宣布，他將在兩年內淡出微軟公司的日常事務，以便把主要的精力集中在改善衛生及教育慈善事業上。同一年，股神巴菲特也將其大部分財產三百七十億美元捐給比爾・蓋茲的基金會。目前這一基金會的規模是全球最大的。

「財富並不是我的，我只是暫時支配它而已。」比爾・蓋茲如此說。他有三個子女，但他不會為子女留下很多錢，因為比爾・蓋茲認為擁有很多不勞而獲的財富，對於一個站在人生起跑點的子女們而言並非好事。他覺得子女們的人生和潛力與出身的富貴或貧寒無關。因此，他們夫婦倆決定：死後只給三個子女一千萬美元的遺產，其他四百多億美元都將返還社會。

比爾・蓋茲夫婦對「取之於社會，用之於社會」的企業社會責任做了最好的示範。一個有良知道德的商人，努力賺錢不只是為了累積個人的財富，而是為了幫助社會上更多需要幫助的人。把金錢花在最有需要救助的人身上，有效改善窮困者的生活，就是讓金錢發揮最大的良能。比爾・蓋茲夫婦的愛心善行，是他們留給孩子女們最可貴的傳家寶！

延伸思考

一、在你的心目中，什麼是最有價值的「傳家寶」？理由是什麼？

二、你認為我們可以為非洲難民做些什麼？

引導作文

古人說：「人生不如意的事十之八九」，當我們遇到挫折困難時，總會希望有人在身旁守護，並且及時的伸出援手。從小到大，我們一定也受到很多人的鼓勵及協助，這些深情摯意回想起來，依然感動。請以「生命中的貴人」為題，寫一篇完整的文章，敘述相關體驗、事例，或論說此一道理。

教育子弟（三）

嚴格是真正的慈悲

原文

一、教小兒宜嚴，嚴氣[1]足以平躁氣[2]。

二、待人宜寬，惟待子孫不可寬。

三、每見待子弟，嚴厲者，易至成德，姑息者，多有敗行，則父兄之教育所係也。又見有子弟，聰穎者，忽入下流，庸愚者，較為上達，則父兄之培植[3]所關也。

四、子弟天性未漓[4]，教易入也，則體孔子之言以勞之[5]，勿溺愛以長其自肆[6]之心。子弟天性已壞，教難行也，則守孟子之言以養[7]之，勿輕棄以絕[8]其自新之路。

注釋

1. 嚴氣：嚴格的態度作風。
2. 躁氣：浮躁的心態習慣。
3. 培植：培養。
4. 漓：音ㄌㄧˊ。通「醨」，淺薄的意思。
5. 勞之：磨練使他辛勞。
6. 肆：任意妄為。
7. 養：涵養。
8. 絕：斷絕。

導讀 孩子我要你比我更強

天下父母心，莫不望子成龍，望女成鳳！所以父母一定會極盡所能來教養孩子，幫助孩子。宋朝名將岳飛的母親在他背上刺上「精忠報國」的故事，自古以來成為美談。而岳飛對他的兒子岳雲的嚴格教育也一樣令人敬佩。他的兒子岳雲十二歲時，就被編入軍隊當小軍士，岳飛雖然疼愛兒子，但是絕不嬌慣寵溺。

有一次，岳雲在練習騎馬衝下陡坡，一不小心，連人帶馬翻跌在地。岳飛知道後，生氣地責罵岳雲，而且氣得要將岳雲斬首，幸好將士苦苦哀求，才依軍紀狠狠地責打了他一頓。士兵們看見岳飛對自己的兒子這樣嚴格要求，所以在操練時都格外認真，軍紀十分嚴明。

岳雲在軍隊中經過幾年嚴格的訓練後，作戰能力大為進步。十六歲那年他參加戰役，英猛殺敵，勇冠三軍。後來更多次立下戰功，被

將士們稱為「贏官人」。（贏是指常勝不敗；官人是宋朝對男人的尊稱）。後來岳飛率師北伐，命令岳雲打先鋒，並嚴厲地告訴他此次戰役的重要：如果不能得勝，有砍頭之罪！岳雲帶領騎兵，以少擊眾，艱辛作戰，最後獲得大勝。

後來岳飛又命令岳雲前去穎昌，援助宋將王貴，岳雲雖然負傷百餘次，依然英勇作戰，最後逼使金兵大敗而逃。這時的岳雲年僅二十二歲，為朝廷立下這麼大的戰功，本應大大獎勵的，但岳飛認為是自己兒子的戰績，所以不聲張、不上報，只鼓勵岳雲更努力，繼續為國立功。後來岳雲的英勇事跡慢慢地傳開了。朝廷多次要獎賞他，岳飛認為自己身為將領，兒子岳雲在沙場上奮戰不懈是應盡的本分，於是多次上書為岳雲辭謝，堅持不接受升遷，展現了岳飛盡忠無私的品格。

岳飛對兒子岳雲的期望很高，訓練時，對他的要求比別人嚴格，作戰時賦予他的責任也比別人沉重。但是在朝廷論功行賞時卻以岳雲年紀尚輕，戰功甚小等理由謙虛的推讓，將戰功歸於將士用命。岳飛這樣功成不居的胸襟令人折服，更贏得軍隊所有人的崇敬，岳家軍的軍威也就更難以撼動了。而岳雲得父如此用心栽培指導，對於功名也淡然看待，父子二人同心為國盡忠，不求個人利祿，同樣成為歷史名將，名垂千古，傳為佳話。

延伸思考

一、你是否同意「養不子父之過，教不嚴，師之惰」的說法，理由是什麼？

二、你是否認同岳飛為兒子岳雲再三辭謝朝廷封賞的做法？理由是什麼？

引導作文

古人追求「立德、立言、立功」三不朽，所以積極努力，有所作為，希望為自己的一生留下成就。但有所追逐，必有所爭奪；有所爭奪，常有傷害。所以能有「成功不必在我」的胸懷，做到歸功他人是人生更難的修養。請以「功成不居」為題，寫一篇完整的文章，敘述相關體驗、事例，或論說此一道理。

教育子弟 四 愛之深所以教之切

原文

一、教子弟求顯榮❶，不如教子弟立品行。

二、教弟子於幼時，便應有正大光明氣象❷。檢身心❸於平日，不可無憂勤惕厲❹工夫❺。

三、謹守❻父兄教誨，誠實謙恭❼，便是醇潛❽子弟。不改祖宗成法❾，忠厚勤儉，定為悠久人家。

注釋

❶顯榮：顯達榮耀。

❷氣象：此指人的言行舉止及神態氣度。

❸檢身心：自我檢討反省。

❹憂勤惕厲：憂勞勤奮戒懼。指君子的修身自省。

❺工夫：時光、時候。

❻謹守：謹慎地守護。

❼謙恭：謙虛恭敬。

❽醇潛：淳厚內斂。

四、樸實渾厚[10]，初無甚奇，然培[11]子孫之元氣[12]者，必此人也。

五、兄弟相[13]師友，天倫之樂[14]莫大焉。閨門[15]若朝廷，家法之嚴可知也。

[9] 成法：已經制定完善的法令。

[10] 渾厚：指為人淳樸敦厚。

[11] 培：培育、培養。

[12] 元氣：人的精神活力、純厚之氣。

[13] 相：音ㄒㄧㄤˋ。輔助。

[14] 天倫之樂：家庭人倫的和樂。

[15] 閨門：內室的門。亦用來指稱女子的房間。

導讀　父母是孩子的楷模

家庭教育最重要的價值，就是對孩子的人格發展及形塑具有決定性的力量，而且是在日常生活中時時刻刻地進行著。父母的言教、身教及境境深深的影響孩子價值觀的養成及人格的成長。好的生活教育可以培養良好的品格，讓孩子在潛移默化中達成人格健全發展。但有時候也可能因為父母一時的疏忽或不察，讓孩子在不知不覺中耳濡目染，形成不正確的價值觀。

古時候有個「殺彘教子」的故事：曾子的妻子要去市集，兒子吵著想跟隨，曾妻隨口哄騙兒子說：「你好好留在家裡，等我回來了，再殺豬給你吃。」後來，曾妻從街上回來，就看到曾子真的要殺豬，她連忙阻止說：「我只是哄著孩子玩的。」曾子說：「不能和小孩子開玩笑。他年幼無知，只會模仿父母，聽從父母的教導。今天你哄騙他，就是教他學你一樣去騙人。做母親的哄騙孩子，他以後就不相信

母親了，這不是教育孩子的好法子。」於是，曾子殺了豬，煮了肉給兒子吃。這個曾子殺豬教子的故事，正說明父母教育子女的態度要誠正信實，才不會誤導孩子的人格發展。

在臺灣有「經營之神」美稱的王永慶先生，律己甚嚴，待人誠實，熱心慈善事業。無論是在重大天災如臺灣九二一大地震、大陸的汶川大地震捐款救災、或創辦學校，提供免費名額給予清寒原住民學生就讀、捐助大陸三十億人民幣，推動興建一萬所希望小學等善行都深深影響他的子女。他的女兒王瑞華及女婿楊定一博士，年輕時就常常默默行善，或熱心參與各種公益活動，耳濡目染之下，他們的三個子女楊元寧、楊元平和楊元培自然也萌發善念，對公益活動不遺餘力。

他們姊弟三人雖然貴為豪門第三代，卻沒有絲毫驕氣，親子相處親密和諧，舉手投足之間既謙遜又沉穩。楊元寧曾經在接受訪問時謙虛地說：「從小看到爸爸、媽媽和外公幫助很多人，覺得活在世界上，本來就應該幫助人，因為幫助別人，自己也會快樂。」她最想與父親一樣，成為志工企業家。而楊元培也說：「爸爸給我最大的影響就是幫助人家。」因為行善助人的念頭始終深植於他們心中，所以姊弟三人也跟著父母親一起行善助人。楊定一夫婦倆為家庭教育做出最良好的示範。

延伸思考

一、在你的生活經驗中有沒有看過類似曾子的妻子，為了安撫孩子而採取哄騙的做法？你的感覺如何？

二、你和父母的互動情況如何？當你有心事或困難時，父母是不是你第一個尋求協助的對象？理由是什麼？

引導作文

生命經驗是體驗，人生智慧是累積。自古以來，流傳不輟的警言嘉句常是先人智慧的結晶，很適合用來自我警醒。每個家族都有家訓，代代相傳，每個人也有自己感悟深刻的座右銘。請以「我的座右銘」為題，寫一篇完整的文章，敘述相關體驗、事例，或論說此一道理。

教育子弟 五 寵溺驕縱的小霸王

原文

一、富家慣習驕奢❶，最難教子。

二、門戶之衰，總由於子孫之驕惰。

三、縱容子孫偷安❷，其後必至耽酒色❸而敗門庭。

專教子孫謀利，其後必至爭貲❹財而傷骨肉。

四、打算精明❺，自謂得計❻，然敗祖父之家聲❼

注釋

❶驕奢：驕矜奢侈。

❷偷安：只圖眼前的安逸，不顧及將來。

❸耽酒色：沉迷於美酒女色。

❹貲：音ㄗ。通「資」，貨物錢財。

❺打算精明：凡事精打細算，一點也不吃虧。

❻自謂得計：自以為計謀成功。

❼家聲：家族聲望。

者，必此人也。

五、奢侈足以敗家，慳[8]吝亦足以敗家。奢侈之敗家，猶出常情，而慳吝之敗家，必遭奇禍[9]。庸愚足以覆事[10]，精明亦足以覆事。庸愚之覆事，猶為小咎[11]，而精明之覆事，必見大凶。

[8] 慳：音ㄑㄢ。吝嗇。

[9] 奇禍：出乎意料的災禍。

[10] 覆事：敗壞事情。

[11] 咎：音ㄐㄧㄡˋ。過失。

導讀　家族駭客的終結任務

古人常說：「慈母多敗兒。」疼愛孩子和寵溺孩子最大的不同是，被愛的孩子懂得同情別人，被寵溺的孩子只會怪罪他人。而「疼愛」和「寵溺」往往是一念之差。二者最大的不同在於「能不能拒絕孩子的要求」。對於孩子的人格養成，年紀愈小愈重要，因為每個孩子出生時都像天使般純潔可愛，生命潔白得像一張白紙，小時候若沒有正確的指導，放任習氣的發展，很容易迷失本有良善的心性，一旦養成驕奢怠惰的習氣就很難矯正了。

為何有少數人未能在人生的畫布上盡情揮灑、塗抹亮麗多姿的色彩？而是一片黑鴉鴉，黯淡無光？其中有很大的原因是父母的管教方式不恰當，往往將「寵溺」誤當「疼愛」，對於孩子的各式需求照單全收，把孩子的欲望胃口愈養愈大，終至不可收拾。又當孩子犯錯時，父母親不僅捨不得管教，反而為孩子找各種藉口脫罪，孩子既無法了解自己行為的對錯是非，更失去知錯、認錯及改過的機會。

多年前，某藝人就讀高中的獨子涉嫌簽賭、賣毒、轟趴、砸店、暴力討債……，還上演黑吃黑的戲碼。當他被羈押時，父母親的心疼不捨之情溢於言表，甚至痛哭不已。但是「冰凍三尺非一日之寒」，這個年輕人並不是一夕變壞，而是日漸脫軌失序，慢慢沉淪而導致難以挽回。

事實上，在他一次又一次的犯錯事件中，他的父母或許顧及社會形象，或許愛子心切，總是找來律師或運用各種關係，千方百計地想要把孩子犯的過錯一一擺平，而不是讓孩子真實的面對應該承擔的後果。於是，孩子的良知在父母的持續寵溺中愈來愈麻木，欲望的黑洞被餵養得愈來愈深；而孩子的惡膽則在父母不斷的善後中被餵養得愈來愈大，行徑也愈來愈囂張狂妄了。此時父母痛心地說：「孩子是天真的，只是結交了壞朋友」，固然可以自我安慰，但究竟是誰讓孩子走偏了？其實父母自己心裡最清楚。

二〇一二年，家境富裕的某大學中輟少年，酒駕撞死一名婦人，她的先生因悲傷過度而去世，留下八歲的孤女，這實在是人倫大悲劇。而這位少年的母親也是護子心切，多方為兒子脫罪，甚至代子前去往生者家下跪，不讓孩子勇敢地面對譴責。孩子是不成熟的個體，一失足將成千古恨，為人父母對孩子的教養是責無旁貸，不可輕忽！

延伸思考

一、你認為孩子犯錯時，父母應如何做才能協助孩子面對問題，度過難關？

二、你認為父母完全以愛的教育來管教子女是否正確？是否需要輔以鐵的紀律？理由是什麼？

引導作文

身處民主時代的今日，人們誓死悍衛基本人權，標舉「不自由，毋寧死」的口號。但紀律是為了保障公眾的權益，無限上綱的自由將引發社會災難，過於嚴苛的酷法又將扼殺自由人權。二者應如何兼重並顧是一門學問。請以「自由與紀律」為題，寫一篇完整的文章，敘述相關體驗、事例，或論說此一道理。

為人處世（一）

謙謙君子溫潤如玉

原文

一、處世以忠厚人為法。

二、處世能退一步為高。

三、謙似乎[1]諂，然謙是虛心，諂是媚心。故處世貴謙而不可諂。

四、和為祥氣，驕為衰氣，相人者[2]，不難以一望而知。

五、和氣迎人，平情應物[3]。抗心希古[4]，藏器待時[5]。

六、和平處事，勿矯俗[6]以為高。正直居心，勿設機[7]以為智。

注釋

[1] 似乎：相近於。

[2] 相人者：替人看相算命的人。

[3] 平情應物：以平常心應對事物。

[4] 抗心希古：心志高尚，以古人自相期許。

[5] 藏器待時：比喻學好本領，等待施展的機會。

[6] 矯俗：違背世俗。

[7] 設機：設想機謀。

俗話說：「機會是留給準備好的人」。二〇一二年二月五日美國NBA職籃的一場比賽，尼克隊裡有個板凳球員終於等到替補上場的機會，緊接著連續數場令人嘆為觀止的表現，締造了「驚奇二月」，哈佛小子林書豪改寫了自己的命運，繼而掀起了一股「林來瘋」的風潮，席捲全球。

林書豪，一個熱愛籃球的哈佛高材生，在打籃球這件事上，他以投注全部生命的認真態度來面對，因此即使飽嚐種族歧視，長久以來只能坐冷板凳，沒有出場的機會，他仍然保持謙和，持續努力，耐心等待。他並沒有因為一時的懷才不遇而心生抱怨，更沒有因此怠惰鬆懈，減少自己每天苦練球技的時間。林書豪始終沒有放棄，一直做好自己能做、該做的事——持續練球，把自己準備好。

終於，機會來到眼前時，他已經做足了功課，有了萬全的準備，於是他緊緊地抓住能夠證明自己能力的機會，在球場上一鳴驚人！他出色的表現為自己贏得先發上陣的機會，隨著一場又一場精彩絕倫的球賽表現，林書豪從一個沒沒無聞的板凳球員成為家喻戶曉的看板球員，他的成功激勵了無數追求夢想的人！而一夕爆紅，功名成就之後的林書豪仍保持一貫作風，他的人格特質更令人感佩。

有夢想的人很多，能夠堅持夢想，築夢圓夢的人也不少。而林書豪的成功在於其可貴的人格特質——單純、誠懇、忠實、知足、謙和……。林書豪在球場上和隊友合作無間，他能投籃得分，更願意為隊友助攻，不管是在尼克隊的「書呆子連線」或在火箭隊的「哈林連線」，他總是無私謙和的與他人合作，不會只求自己得分、出頭。當他為尼克隊贏得勝利時，他卻謙卑的把榮耀歸於上帝和隊友；當他球隊輸球時，他在第一時間就反求諸己，檢討自己，反省自己，不是一味地指責任何人。這樣開闊高遠的胸襟氣度及清明智慧實在令人折服。

即使林書豪已經成為「紐約超新星」，媒體的新寵兒，各種商業廣告代言機會接踵而來，他依然「做自己」——謙和有禮，並沒有被席捲而來的名利沖昏頭。籃球是為上帝而打，他不是為了商業利益而投身籃壇。當他有了知名度及影響力之後，他更願意投身公益活動，用他一貫的謙和態度，親切的與熱愛籃球的年輕人交流互動，他用身教示範了球品比球技更重要。

在林書豪身上我們見證了「愈飽滿的稻穗垂得愈低」的真實及可貴。

延伸思考

一、你認為讀書和興趣哪一個比較重要？為什麼？又二者一定是衝突無法兼顧並行的嗎？

二、你是否已經找到自己願意為它奉獻一生的夢想？你要如何一步一步實現自己的夢想？

引導作文

林書豪會讀書又會打籃球，堪稱是允文允武的才俊，他的努力及成功也改變了大家對讀書及打籃球的刻板印象。只要肯努力，不放棄，行行都可以出狀元。而林書豪更為人所津津樂道的是他的行事風格，不管是知足感恩、樂於分享或謙和有禮……，在在都令人印象深刻。

請以「林書豪教會我的一件事」為題，寫一篇完整的文章，敘述相關體驗、事例，或論說此一道理。

為人處世（二）

千古秘方大補帖

原文

一、處事要代人作想[1]。

二、一味[2]學吃虧，是處事之良方。

三、處事要寬平[3]，而不可有鬆散[4]之弊。

四、大丈夫處事，論是非不論禍福。

五、處事有何定憑[5]，但求此心過得去。

六、天地生人，都有一個良心。苟喪此良心，則其去[6]禽獸不遠矣。

注釋

[1] 作想：著想。

[2] 一味：一直、總是。

[3] 寬平：寬和平穩。

[4] 鬆散：鬆懈散漫。

[5] 定憑：定論憑藉。

[6] 去：距離。

清代揚州八怪之一的鄭板橋流傳最有名的兩幅字是「難得糊塗」和「吃虧是福」，這是極高的處世智慧。可是「吃虧是福」這樣的主張似乎不符合喜歡占便宜的人性。

對於「吃虧是福」的智慧，鄭板橋的說明是：「滿者，損之機；虧者，盈之漸。損於己則益於彼，外得人情之平，內得我心之安，既平且安，福即在是矣。」鄭板橋仍是由人性出發，既然大家都喜歡占便宜，那麼我就把便宜給別人去占，我不與人爭。而一般人占了便宜便心生歡喜，自然不會因為有利益的競爭，而心存不滿了。外在人際關係的和諧是內心平安的根源，而內心平安，是人生難得的福份。

清初有名的散文家魏禧也說過：「我不識何等為君子，但看每事肯吃虧的便是。我不識何等為小人，但看每事好便宜的便是。」俗語說：「吃虧就是占便宜」，乍看之下，覺得怎麼可能？痴人說夢吧。其實這句話是提醒我們，很多利益得失的斷定若從長遠的角度去思考，未必如當下眼前所見那般。

一斤十六兩是大家都知道的，有一則關於斤兩的故事，被人們津津樂道：從前，兵荒馬亂的年代，城中有兩家米店——「裕豐」和「永昌」。裕豐米店的老掌櫃因為生意不好做，所以找來調秤師多給他銀子，要求他把量米用的秤桿調成一斤十五兩半，並且保守秘密不可讓外人知道這件事。調秤師答應了，收了錢就照著老掌櫃的要求調了秤桿。而老掌櫃的媳婦無意中知道了這件事，就把調秤師留下來，給他更多的銀子，並且告訴他老人家說錯了，請他把秤桿調為一斤十六兩半，並且同樣要求他保守秘密不可讓他人知道。調秤師又收下了老掌櫃媳婦的錢，把秤桿調成一斤十六兩半，然後開心地離開了。

經過一段時間，裕豐米店的生意愈來愈興隆，永昌米店則是生意慘淡，最後永昌把米店讓給裕豐米店。裕豐米店的老掌櫃開心的向子孫們透露生意興隆的原因——一斤十五兩半，人們買愈多，米店就賺得愈多，所以財富快速累積。正當老掌櫃自鳴得意，大家恍然大悟時，他的媳婦向老掌櫃坦白請罪，並說明她花錢請調秤師把秤桿調成一斤十六兩半的經過。老掌櫃和大夥們聽完後都驚愕得說不出來！十五兩半與十六兩半究竟誰吃虧？誰占便宜呢？

延伸思考

一、你是否贊成裕豐米店老掌櫃偷偷調整秤桿的做法嗎？為什麼？

二、如果你是那位調秤師，你會因為有銀子可收而做出調整秤桿準度的事情嗎？理由又是什麼？

引導作文

近年來因為少數不肖商人罔顧職業道德，造成多起食品安全的問題，影響大眾的飲食安全。其實我們生活在同一個地球，古人說：「一日之所需，百工斯為備」，每個人的生活都是休戚與共。請以「良心」為題，寫一篇完整的文章，敘述相關體驗、事例，或論說此一道理。

為人處世（三）應似飛鴻踏雪泥

原文

一、人生不可安閒❶，有恒業，才足收放心。

二、人生境遇無常，須自謀吃飯❷之本領。

三、善謀生者，但令長幼內外，勤修恒業而不必富其家。

四、謀生各有恒業，那得管閒事、說閒話，荒❸我正經工夫。

五、人雖無艱難之時，卻不可忘艱難之境。世雖有僥倖❹之事，斷不可存僥倖之心❺。

注釋

❶安閒：安逸閒散。

❷吃飯：謀生。

❸荒：荒廢。

❹僥倖之事：意外獲得成功的事件。

❺僥倖之心：不付出勞力而想獲得利益的存心。

俗話說：「靠樹會倒，靠人會跑，靠自己最好。」又說：「萬貫家財不如一技在身。」一個人活在世界上，如果能夠做到靠自己的能力養活自己，那是一種驕傲。現今社會是一個面臨少子化的世代，有些人因為父母過度寵溺而依賴成性，無法自立，成為「靠爸族」、「啃老族」。但也有很多人不畏艱難，靠自己的雙手開創一片屬於自己的天空！

富二代含著金湯匙出生，有不少人是接受父母的安排，在家族企業中任職就業，過著安穩的生活。但也有人選擇拋開家族企業的庇蔭，走向自行創業——很辛苦卻有成就感的另一條路。身為大旅行社企業富二代千金的吳懿婷，因為母親怕孩子揮霍亂花錢，所以就騙她說：其實家裡負責累累，送她出國唸書的錢都是借來的，她要自食其力。

因此，吳懿婷在法國學習焙焙的求學期間，不僅要省吃儉用，還要到處打工賺錢。回國後她以「馬卡龍」糕點自行創業成功，獲得「馬卡龍公主的封號」。如今才三十出頭的吳懿婷，已是擁有二家店面的老闆。她凡事親力親為，不管是行銷、烘焙、網購、送貨等都一手打點，完全不假他人之手。吳懿婷這位貴為富二代的千金，不怕辛苦，靠著自己的努力——為自己的人生寫下輝煌的一頁。

而另一個自食其力的故事則是關於楊博宇、楊雅雯兄妹二人。楊博宇原是讀建築的，父親因廠商捲款落跑而負債，所以他戲稱自己是「負二代」——負債的第二代。因此楊博宇在大學時代就和弟弟創立工作室努力賺錢，畢業之後回老家接工程，賺到第一桶金。

後來，因緣際會的找到跨足餐飲業的契機，他運用建築的概念來做餐飲，同時賣拉麵、輕食、冷飲，老少客源大小通吃，半年就回本了，接著，一年之內連開四家店。楊博宇之所以能夠成功，也是因為他實踐了「創業三本」的法則：從本業出發、要有本金、要本人親力親為。當他決定要賣拉麵之後，就採行實際勘察的方式，和妹妹兩個人全臺走透透，到處試吃，找出最好吃的拉麵進行了解、研究。

不管是「富二代」或「負二代」他們都能夠做到不依賴父母而自行創業成功，足以證明事在人為。只要肯吃苦、腳踏實地的做事，不管是創業或就業，人人都是自己生命的「頭家」！

延伸思考

一、你認為富二代千金吳懿婷的母親對孩子的教育方式對不對？理由是什麼？

二、如果你是楊博宇，你會埋怨父親事業失敗讓自己成為「負二代」嗎？

引導作文

古代農業時代主張「萬般皆下品，唯有讀書高」的想法，在現今已是不合時宜了。知名魔術師劉謙獲得魔術界最高榮譽梅林獎，演出深受歡迎。吳寶春在法國奪下世界麵包大師個人賽冠軍，他的荔枝麵包大受歡迎，證明一技在身的可貴。

請以「最迷人的行業」為題，寫一篇完整的文章，敘述相關體驗、事例，或論說此一道理。

為人處世

四 奉獻利他好事多

原文

一、矮板凳，且坐著。好光陰，莫錯過。

二、人生光陰易逝，要早定成器❶之日期。

三、天地無窮期，生命則有窮期。去一日，便少一日。

四、在世無過百年，總要作好人、存好心，留個後代榜樣。

五、偶緣❷為善受累，遂無意為善，是因哽廢食❸也。

明識❹有過當規❺，卻諱言❻有過，是諱疾忌醫❼也。

注釋

❶成器：成就自我。

❷偶緣：偶然因為。

❸因哽廢食：比喻因怕出問題，乾脆不去做。

❹識：了解、知道。

❺規：勸告。

❻諱言：因顧忌而不敢說。

❼諱疾忌醫：比喻怕人批評而掩飾自己的缺點和錯誤。

我們常說：「時間就是金錢。」而有智慧的先人早就提醒我們：「一寸光陰，寸金難買寸光陰。」我們應該要好好把握有限的時光做有意義的事。但生活在二十一世紀的人們，每天一睜開眼就被時間催趕著，像陀螺一樣停不下來，過著忙、盲、茫的快轉人生。而這樣的忙碌究竟所為何來？其實除了為自己不得不忙之外，如果能夠為他人的幸福而忙碌，那將是另一種幸福！

既要利己，又要利人，那麼時間如何才夠用呢？在《三國志・魏志・董遇傳》中記載董遇因家境清苦，必須砍柴去賣才能換得生活所需，所以無法專心讀書。但是他在生活忙碌之餘，仍然不忘時時帶著經書，只要一得空就偷閒習讀。雖然這樣的做法常遭人取笑，但董遇依然把握時光，勤學苦讀，成為學識淵博的人。

後來有人很想追隨董遇學習，他都不願意。他要求有心跟從他學習的人，必須自己先將經書讀過百遍，因為董遇認為「讀書百遍，其意自現」。但是那些想跟他學習的人又說：「我們很想自學讀書，但是苦於沒有時間啊！」董遇就提出把握「三餘」的說法：「冬者，歲之餘；夜者，日之餘；雨者，晴之餘也。」他認為如果的真有心想讀書，只要善加利用閒散、零碎的時光好好研讀，長久以往，日積月累，一定會有所成就的。

俗話說：「一日之計在於晨，一年之計在於春，一生之計在於勤」，如何掌握時光，搶得先機是非常重要的。唐代書法家顏真卿〈勸學〉一詩：「三更燈火五更雞，正是男兒讀書時。黑髮不知勤學早，白首方悔讀書遲。」更是提醒我們歲月匆匆，要惜時勤學，才不枉費青春。

現代人最大的問題就是每個人都很忙，想做的事情太多，能用的時間太少。其實時間就像牙膏一樣，再擠一擠，總是有的。因此有效的時間管理也就更顯重要了。所以我們只要學會把日常生活中的事情依照輕重緩急的原則來區分，安排處理的先後順序，自然不會使自己陷入一片忙亂中。

如果我們把時間比喻為一個空罐子，而生活中的大小事件分別為大石頭、小石頭及細沙，那麼我們只要把大石頭、小石頭、細沙依序放入空罐中，自然件件都可以順利放入。反之，若次序不對，一定會無法放入或發生卡住的情形。所以我們只要有心以智慧來安排有限的時間，再怎麼忙碌，一定還是可以抽出時間來行善愛人，讓生活更有意義。

延伸思考

一、你認為在生活中，所謂的「大石頭、小石頭及細沙」分別是哪些事情？

二、你認為自己是一個懂得時間安排的人嗎？在你的生活經驗中是否充滿被時間追趕的壓力？

引導作文

大家都想以最少的時間做最多的事，取得最高的時間投資報酬率。誰能有效的掌握時間，誰就掌握了成功之鑰。在你的生活經驗中，你的時間安排是否高明呢？請以「一段美好的時光」為題，寫一篇完整的文章，敘述相關體驗、事例，或論說此一道理。

為人處世

五 明明白白我的心

原文

一、無論作何等人，總不可有勢利❶氣。

二、勢利人裝腔作調，都只在體面上鋪張，可知其百為皆假。

三、虛浮人指東畫西❷，全不向身心內打算，定卜❸其一事無成。

四、用功於內者，必於外無所求。飾美❹於外者，必其中無所有。

五、孔子何以惡鄉愿❺，只為他似忠似廉，無非假面孔。

注釋

❶勢利：看重權勢利益而瞧不起他人。

❷指東畫西：比喻說話避開主題，東拉西扯。

❸卜：推斷論定。

❹飾美：修飾美化。

❺鄉愿：在鄉里中故意裝作忠厚老實的樣子，以博取別人喜歡。後引申為討好他人，沒有立場，昧於是非的人。

近年來，隨著韓國流行文化的強力輸出，「韓流」成為一股時尚，無論是電視劇或歌舞表演等，處處可見韓國的作品，江南大叔的「騎馬舞」更是紅遍全球。除此之外，韓國流行整容的風潮也一樣席捲全臺。有人笑稱：上帝給了我們一張無從選擇的臉，但整型師可以給我們另一張滿意的臉。當大家對自己的本來面貌都不能全然接納時，內心的空洞就可想而知了。但是，大家對自己的不滿意，又豈止是一張臉而已！

在臺灣，一則駭人聽聞的社會事件占據了報紙版面，震驚了世人！一個某企業家的兒子，因為家庭因素和母親忙碌無暇照顧，從小就寄住在阿姨家，與母親長久分離，母親只能用大量的金錢來補償他，但寄人籬下的生活實在不好過，導致他的自尊心受創，埋下了日後變本加厲的惡因。

後來這個年輕人，在祖母的堅持之下終於得以認祖歸宗，他的父親基於補償的心理，提供大筆的金錢供他揮霍，每天的零用錢竟然高達二萬元，過去寄人籬下所衍生的欠缺感獲得很大的滿足。這樣一來，雖然他的物質生活已經無虞，但是在金錢萬能的假象之下，他的價值觀早已被扭曲。他每天呼朋引伴，吃喝玩樂，過著浮誇奢華的日子，卻沒有生活目標。雖然「有錢是大爺」的虛榮能帶給他短暫的滿足。但是潛藏在內心深處的空虛感，依然無法難以排解，接著，他開始流連於夜店，種下了難以彌補的錯誤。

他每天穿金戴銀，打扮成多金的富二代公子哥，廣交朋友，熱情招待，出手闊綽，所到之處大受歡迎。不少女子迷惑於他的表象，未能覺察他的可憎面孔，進而落入他下藥迷昏的圈套中，給自己造成極可怕的傷害及痛苦。一旦事跡敗露後，他既無面對的勇氣，也無絲毫悔意，他的冷血表現引起公憤。雖然他的重大罪行遭到法院重判，但對那些曾經被他傷害的女子而言，恐怕一輩子都要活在痛苦的陰影中。

常言道：「天底下沒有白吃的午餐」，當我們遇到迷人的誘惑或是得到天上掉下來的禮物時，一定要保持清醒，提高警覺，多問自己一句：為什麼有這麼「好康」的事落在我身上？真的不必付出代價嗎？只要深記不要心存貪念，或許可以減少許多不必要的風險！

延伸思考

一、在你的生活經驗中有沒有發生過「天底下沒有白吃的午餐」這類的事情？你又是怎麼處理的？

二、你對自己的長相或外形滿意嗎？如果有機會可以整型，你會選擇整型嗎？為什麼？

引導作文

每一個人都是父母愛的結晶，因為愛而來到這個世界上。每個人都是獨一無二、無法取代的。也許我們總是苛刻地對待自己，覺得自己的眼睛小了一點，鼻子塌了一點，嘴巴大了一點……。其實，我們都是上天所賜「美得剛剛好」的完美作品。請以「我喜歡我自己」為題，寫一篇完整的文章，敘述相關體驗、事例，或論說此一道理。

讀書為學 一

游向書海無需問

原文

一、無財非貧，無學乃為貧。

二、為學不外靜敬二字。

三、博學篤志❶，切問近思❷，此八字，是收放心❸的工夫。

四、不必於世事件件皆能，惟求與古人心心相印❹。

五、講大經綸❺，只是實實落落。有真學問，絕不怪怪奇奇。

注釋

❶博學篤志：廣博的學習求知，堅定專一心志。

❷切問近思：切實的求問請教，用心詳加思考。

❸收放心：收斂散漫的心志。

❹心心相印：像蓋印一樣，兩顆心合一而相符。比喻彼此感情相通，心意一致。

❺經綸：原指整理絲縷，引申為治理政事。

導讀
愛閱者的悅讀樂章

現在是一個講求智慧經濟的時代，腦力比勞力更難得。因為再多的錢財都無法換取無價的學識，一個人只要有真才實學，必然不會一生窮困。韓愈在〈進學解〉一文中所言：「業精於勤，荒於嬉。行成於思，毀於隨。」勤勉不懈，認真努力才能有所成就。而想要做到持續精勤，必須具有強烈的動機。凡事只要動機夠強大，再大的辛苦都能夠忍受，可以努力堅持到底。讀書為學也是如此，如果自己非常清楚為何要讀書，那麼不管眾聲如何喧嘩，依然可以安住己心，用心於學。

「主靜」一詞，出於宋朝周敦頤（濂溪先生）的〈太極圖說〉，從「靜坐」而領悟事理，是一種學習的工夫。而「主敬」則是由明朝的程頤（伊川）先生提出，經由朱熹之手，內容趨於完備。朱熹以「主敬」取代「主靜」意義更加深遠，因為「敬」字貫通動靜。所謂「主

敬」是指經由格物、致理的歷程，內心翻轉收斂，呈現行為的修行。由靜而敬，心念趨於純正、專一致志。《孟子・告子》：「今夫弈之為數，小數也，不專心致志，則不得也。」由奕秋教人下棋為例，說明如果一個人不能專一心志，即使是「學下棋」這樣的小事，也很難有所成就，更何況是讀書為學了。

漢朝的董仲舒刻苦治學，專一心志，三年不窺園菜，所以有「目不窺園」這句成語。而唐朝李密的勤學專注也十分有名，「牛角掛書」說的就是他的故事。因為李密非常好學，每天都把握時間，從早到晚認真讀書。有一天，因為他必須要到緱山辦事，他擔心在路程上耽誤了太多讀書的時間，於是在出門前想到一個可以一面趕路，一面讀書的好辦法。他用蒲草編了個鞍子放在牛背上，把要看的《漢書》掛在牛角上。

就這樣子，李密騎在牛背上，一手牽著韁繩，一手拿著書本，一邊趕路又一邊看書，絲毫不浪費時間。路途中，李密因為非常專注讀書，所以沒有發覺遇見了朝中大臣——楊素。而楊素看到李密專心讀書的樣子也不想打擾，他跟在李密後面，走了很長一段路，直到李密轉過頭來想換一本書時，楊素這才上前與他打招呼，除了詢問李密看些什麼書籍外，也一再讚賞李密專心讀書的態度，並延攬他到朝廷任職。

幾千年前，李密的好學精神和態度被人們津津樂道，也值得世人學習。

延伸思考

一、讀書要有方法，你是否能落實課前自行預習，課堂專心學習，課後認真複習？學習是否有困難？又如何解決？

二、你是否曾規畫自己的讀書時間應如何有效安排？你一天花多少時間在課業的學習上？成效如何？你是否滿意？

引導作文

對青少年而言，不管你喜歡與否，上學讀書是生活中最主要的活動。從小到大，你上過很多堂課，學過很多門學科，其中一定有你喜歡或印象深刻的課程。也許是因為老師的引導很深入，也許是課程的設計很特別，所以令人懷念。請以「我最難忘的一堂課」為題，寫一篇完整的文章，敘述相關體驗、事例，或論說此一道理。

讀書為學

二 嗜讀情深智慧多多

原文

一、士[1]必以詩書為性命[2]。

二、士既多讀書，必求讀書而有用。

三、士既知學，還恐學而無恆。

四、寒士[3]欲謀生活，還是讀書。

五、濫交[4]朋友，不如終日讀書。

注釋

❶士：士、農、工、商，四民之首。此指士子、讀書人。

❷以詩書為性命：把讀書當做安身立命的根本。

❸濫交：浮濫隨意結交。

❹寒士：出身卑微的讀書人。

古時候在「萬般皆下品，唯有讀書高」的社會價值潮流下，讀書是士子的天命，科舉考試是讀書人的出路，有了官位職務可以實現經世濟民的理想。但是若未能取得功名，或者只能當私塾老師，聊以維生；更甚者，恐怕要窮困潦倒過一生了。如果苦讀的結果是這樣，那麼，讀書究竟還有何用處呢？

其實，讀書是為了自我提昇，增長智慧，不見得與就業謀職或賺錢相關。《莊子・人間世》曰：「桂可食，故伐之；漆可用，故割之。人皆知有用之用，而莫知無用之用也。」而在《莊子・逍遙遊》中則論證大樹的有用及無用。對人們而言是不好的木材，不會被人們砍伐，所以反而可以活得長久，這就是無用反而是為有用。反之，若是對人們而言是好用的木材，反而會遭到人們砍伐而無法存活，這就是有用反而是為無用。所謂：「有用之用，由成心開，無用之用，由道心開。」有用、無用的詮釋是智慧的表現。

讀書一旦能超越有用、無用的迷障，自然能專一心志，用心投入。《論語・述而》子曰：「發憤忘食，樂以忘憂，不知老之將至云爾。」孔子是一個樂在學習中的智者，實踐「活到老，學到老的終身學習」。而《荀子・勸學》曰：「故不積跬步，無以致千里；不積小流，無以成江海。騏驥一躍，不能十步；駑馬十駕，功在不舍。鍥而舍之，朽木不折；鍥而不舍，金石可鏤。」強調學問之路，沒有捷徑可走，只有靠長久時日的累積，方有成效。所以讀書為學，一定要腳踏實地，一步一腳印，持續努力，經過長久的累積工夫之後，必然有可觀的成效。

晉朝的陶淵明辭官隱居之後，有少年向他請教學習之道，陶淵明為他寫下：「勤學如春起之苗，不見其增，日有所長；輟學如磨刀之石，不見其損，日有所虧。」這樣的詩句。陶淵明以稻苗的成長為例來說明箇中的道理，他認為日日勤勉向學就像稻苗種下之後，從外在來看，雖然不容易看出它的成長，可是稻苗的確日日在長大。

反過來說，一個人如果在學習上半途而廢，輕易放棄，就像磨刀用的石子，每天磨刀時不覺得有異樣，但經過長時間的磨刀後，不知不覺中已使得磨刀石表面受損而出現凹下的情形。一個人每天少學一些，日積月累之後，自我的損耗就會變得非常明顯。所以我們要保持精進學習的精神，才不會自我淘汰。

延伸思考

一、你喜歡上學讀書嗎？理由是什麼？對你而言，「上學讀書」是一種義務？還是一項權利？

二、你認為自己的讀書習慣好不好？有哪些部分是可以改進而變得更好？

引導作文

上課時間總是漫長，下課時光則是短暫。有人戲稱學生們「上課一條蟲，下課一條龍」。你是否曾細心觀察，下課時間，同學們都在做些什麼事呢？他們的表情神態又是如何？請以「下課十分鐘」為題，寫一篇完整的文章，敘述相關體驗、事例，或論說此一道理。

讀書為學（二）

樂讀愛學活力旺

原文

一、讀書須切己用功❶。

二、讀書不下苦功，妄想顯榮，豈有此理？

三、知足之心，可用之以處境，不可用之以❷讀書。

四、為學無間斷，如流水行雲❸，日進而不已❹也。

五、學業之不進，總為一懶字丟不開。

注釋

❶切己用功：切實由自己下功夫努力用功。

❷用之「以」：於、在。

❸流水行雲：比喻詩文等自然流暢。也說行雲流水。

❹日進不已：每天都有進步。已，停止。

歷史上勤勉向學，認真努力的名人非常多，他們的故事大家都耳熟能詳。例如：楚國人孫敬非常好學，為了防止自己打瞌睡，所以將頭髮用繩子綁在屋梁上；戰國時的蘇秦一心讀書，只要一有睡意，就用錐子刺大腿，讓自己清醒。

而漢朝的匡衡因為家境貧困，只好鑿穿牆壁，藉由鄰家的燭光來照亮苦讀；晉代車胤也是因為家貧，沒有錢購買燈油，所以把螢火蟲放入囊袋中，借著螢火蟲發出的幽微亮光來讀書；晉時孫康、南齊江泌同樣是家庭困苦，只好夜晚利用雪光照明來讀書。這就是「懸梁刺股」、「鑿壁透光」、「囊螢積雪」的由來。而唐朝的白居易更是發憤苦讀至「口舌成瘡，手肘生胝」的程度。這些古人的苦讀用功實在令人敬佩。

一般四肢健全的人面對上學讀書這件事，有時都難免心生怠惰，更何況是肢體障礙的人，他們求學之路的艱難，比起一般人不知要辛苦多少倍。而出生在新竹的陳俊翰，自幼被診斷出罹患罕見的「脊髓性肌肉萎縮症」，造成肌肉萎縮、肌肉無力，全身癱瘓。他曾被醫師告知最多只能活到四歲，曾多次因感冒引起併發症，多次與死神拔河。後來又因為電熱毯發生電線走火的意外，他的雙腳嚴重灼傷，導致小腿截肢，但是他和家人從未放棄讀書求學這件事，他把握分秒，努力當下，成為一位「與時間競賽的人」的生命鬥士！

陳俊翰從培英國中畢業後，以榜首的傑出成績考取了新竹高中，在校成績保持第一名。他上課非常專心，回家後認真用功，忍著身體的痛楚，含淚苦讀。一篇作文，他要花六個小時才能完成。他高中畢業後順利考上臺灣大學，在寒暑假期間，除了例行的醫療外，也努力學習電腦及外文等。陳俊翰不僅取得臺大會計及法律系雙學位，更高中律師高考榜首。

從小一路照顧陪伴、支持鼓勵陳俊翰的人，就是他非常辛苦，卻無怨無悔的母親——謝季珍女士。二〇一二年夏天，陳俊翰將在母親的陪伴下赴美國哈佛大學攻讀法律系研究所。他從小就夢想到國外念書，儘管行動不便，卻從未放棄留學夢。他的堅忍苦讀，持續努力，永不放棄的精神同樣令人敬佩！

延伸思考

一、在眾多勤學苦讀的古人中，你最敬佩哪一個人？理由是什麼？

二、生命鬥士陳俊翰的故事是否帶給你一些啟示？如果你有機會跟他對談？你最想跟他說什麼話來鼓勵他？

引導作文

我們都知道：「如果沒有岸邊的礁石，怎能激起美麗的浪花？」生命中的挫折及苦難是必然的歷程。想要獲得成長，最重要的不是我們遇上了什麼挫折或苦難，而是我們要如何面對挫折或苦難。請以「生命鬥士」為題，寫一篇完整的文章，敘述相關體驗、事例，或論說此一道理。

讀書為學

四　穩賺不賠的績優股

原文

一、富貴有定數，學問則無定數。求一分，便得一分。

二、讀書無論資性❶高低，但能勤學好問，凡事思一個所以然❷，自有義理貫通之日。

三、觀顏子之若無若虛❸，為學豈容自足？

四、有生資，不加學力，氣質究難化❹也。

五、學以愈❺愚也，人而不學，則昏昧❻無知，愚不能愈矣。

注釋

❶資性：資質才性。

❷所以然：為何如此這樣的原由。

❸若無若虛：讚美人謙虛自處，虛懷若谷。

❹難化：難以改變。

❺學以愈愚：學習是用來超越愚昧。以，用來。愈，超越。

❻昏昧：昏庸愚昧，不明事理。

《禮記・大學》曰：「德者，本也，財者，末也」。我們很容易迷失於財富的追逐，卻忘了德行才是身為一個人的根本價值。在臺灣，曾經轟動一時的「流氓教授」林建隆先生逆境求生的故事感動了無數人，他所展現的生命韌性令人動容。而讀書正是他改變人生的關鍵力量。

林建隆出生在基隆一個貧苦的家庭，父親是礦工，家中人口眾多，兄弟姊妹有十一人，他排行第六。曾經，他是一個喜歡看書讀詩的孩子，但是在當時，賭風極盛，國中畢業後的他沒有繼續升學，而是開始經營賭場，開始過著打架混流氓的日子。在他二十三歲那一年，因殺人未遂被移送綠島管訓，後來轉送臺北監獄。服刑期間，因為母親的一番話讓他決定洗心革面，痛改前非，重新做人。原來他的兩個弟弟跟他一樣墮落，淪為流氓而遭法律制裁。此時的他，沉重的腳鐐在地上拖行時，他的心也和鉛塊一樣沉重。智慧與愚昧之別，其實往往只在一念之間而已。

林建隆決定要改變自己的人生，當時因為在獄中的時間比較多，他開始省思人生的意義是什麼？又該如何做才能改變？他開始著迷於中外各種哲學書本，當他讀完許多哲學典籍後，他領悟所謂中外哲學共通的人生哲學，就是教人分辨「假我」與「真我」的不同。

「我國中時把學校當監獄，到了監獄，卻把監獄當學校。」林建隆自嘲的說。他曾把自己比做「蛆」，只能在糞堆裡艱難的掙扎。在管訓隊時，他蹲在臭氣沖天的廁所苦讀再苦讀，終於考上東吳大學。大學畢業後和妻子一起前往美國深造，最後他取得了美國密西根州立大學英美文學博士學位，回國後受聘為東吳大學英文系副教授，現為教授。

林建隆教授不僅把自己的故事寫成「流氓教授」一書，並曾授權給製作人拍成電視劇，獲得很大的迴響。但是他並不以追逐世俗的名利為重，反而更醉心於詩集的創作，讀詩、寫詩才是林建隆教授最看重的事。林教授認為那個混流氓、開賭場的我是「假我」——迷失的我；多年苦讀，寫詩文、學哲學、當教授的我則是「真我」——清明的我。從流氓、囚犯到詩人、教授，林建隆是一位勇敢超越生命鐐銬，堅毅卓絕的奮鬥者，他的生命因而精進多彩！

延伸思考

一、你是否思考過「人生的意義是什麼」這個問題？你是否已經找到答案？你又是如何找到的？如果尚未找到答案，又該怎麼做？

二、你認為流氓教授林建隆先生最值得欽佩的是哪一點？你從他的故事中獲得什麼啟示？

引導作文

有人說：「世上只有想不通的人，沒有走不通的路。」所謂「山不轉，路轉；路不轉，人轉。」很多事情的僵持或解決，往往只在一念之間。過去，你是否也有過這樣的經驗？曾經執著一件事或想法而造成困擾，最後因想法改變了，使得事情順利完成或解決？請以「想通路就通」為題，寫一篇完整的文章，敘述相關體驗、事例，或論說此一道理。

讀書為學 五 天下奇聞共欣賞

原文

一、讀書在明理，識見❶不可不高。

二、有大識見乃有大文章。

三、學業之美於德行，不僅文章。

四、文章是山水化境。

五、觀朱霞悟其明麗❷，觀白雲悟其卷舒❸，觀山岳悟其靈奇❹，觀河海悟其浩瀚❺，則俯仰間皆文章也。

注釋

❶識見：學識見地。

❷觀朱霞悟其明麗：觀賞朱紅的彩霞，可領受其明豔秀麗。

❸觀白雲悟其卷舒：觀賞潔白的雲朵，可領會其捲起與展開的多種姿態。

❹觀山岳悟其靈奇：觀覽壯闊的山岳，可領悟其靈秀雄奇。

❺觀河海悟其浩瀚：觀覽無邊的河海，可領略其廣大遼闊。

古人說：「讀萬卷書，行萬里路」，無非就是要提昇一個人的學識及見識。一個學識淵博、見多識廣的人，他的胸襟氣度、思考判斷必然是高於一般人。這也就是我們現在常說的：「態度決定高度，格局決定結局；思路決定出路，眼界決定境界」。

《老子》曰：「人法地，地法天，天法道，道法自然。」人類從蠻荒紀元走來，從大自然中領受極深刻的體悟和啟發，獲得無上的精妙智慧。就個人而言，大自然一直都是安頓身心的秘密花園。自古以來，多少文人雅士歌詠自然，讚嘆奇奧，多少失意文人寄情山水，撫慰心靈。萬物默無一言，人各有神會妙趣。所以案前讀書是人生要事，走入天地自然也是生命樂事。

隨著時代的進步，人類對大自然失去敬畏之心，自認為「人定勝天」而狂大無知，竟以專橫跋扈之姿，做出各種汙染破壞等惡劣行徑，無情地殘摧居住環境、自然生態，導致青山白頭，河流悲歌。在臺灣，一群珍愛地球，守護家園的有志之士——徐仁修老師和李偉文醫師他們在民國八十四年創立公益社會團體——「荒野保護協會」，他們的目標是：以關懷臺灣為出發點，放眼全世界，為我們及下一代締造美好的自然環境。

有人說：「人類因夢想而偉大」，民國九十六年，吳杰峰、吳語喬和劉秀美，同為「荒野保護協會」會員的三個人，因為對森林懷抱相同的夢想，集資六百萬元買下南何山——海拔高度三百八十公尺、占地一點二公頃之地（位於新竹縣芎林鄉華龍村鹿寮坑）命名為「自然谷」。他們說：「種植或保存一片低海拔原始森林，保護原生棲地，推行生態教育是我們的初衷。」

但自然谷要如何經營才能讓理想永續？又世事無常，日後親人是否會因為土地產權而引發糾紛？於是「自然谷」的三位地主在民國一百年，以公益信託方式將「自然谷」委託「荒野保護協會」來管理，是國內第一起環境信託案例。自然谷的地主和荒野保護協會雙方的共識就是——讓我們及後代子孫從刻意保留下來的臺灣荒野中，探知自然的奧妙，領悟生命的意義。他們都是以實際行動守護環境的偉大夢想家！

延伸思考

一、你是否有擔任環保志工的經驗？你是否願意成為環保小尖兵？

二、你認為在日常生活中，我們可以怎麼做才能為環境保護盡一份心力？

引導作文

大自然能帶給人們心靈的力量，而「我們只有一個地球」，如果因為發展工商業而犧牲了自然環境，那麼人類將陷入萬劫不復的深淵。因此人類在發展文明，追求進步的同時，如何學會尊重大自然，與大自然和平共處，珍惜可貴的自然環境資源將是我們共同的課題。請以「珍愛地球」為題，寫一篇完整的文章，敘述相關體驗、事例，或論說此一道理。

讀書為學

六 典籍頁頁樂書香

原文

一、何謂享福之人？能讀書者便是。

二、習讀書之業，便當知讀書之樂。

三、看書須放開眼孔❶。做人要立定腳跟。

四、身不饑寒❷，天未嘗❸負我。學無長進❹，我何以對天❺？

五、對聖賢言語，必要我平時照樣行去，才算讀書。

注釋

❶眼孔：即眼睛。此指眼界、眼光。

❷饑寒：挨餓受寒。

❸未嘗：不曾、未曾。

❹長進：成長進步。

❺何以對天：如何面對上天。

導讀
無愧無憾的夢行者

《論語‧學而》子曰：「學而時習之，不亦說乎？」孔子告訴大家，習得新知識及品德修養後，若有機會實踐它是一件很快樂的事。知行合一才是真學問；說一套，做一套的假道學則是最令人不齒且不屑的。

擁有夢想的人是幸福的，但這樣的人其實不多；實現夢想的人是勇敢的，但這樣的人其實更少。試想：我們從幼稚園到大學，在人生中最寶貴的少年、青少年及青年時期，選擇留在學校中學習，花費很多時間在讀書這件事上，到底要學什麼？讀書求學的最終目的究竟是什麼？難道只是為了考上一所理想的學校、找到一份不錯的工作，如此而已嗎？一個讀書人的生命價值又是什麼呢？我想，寧死不降的文天祥已經為我們做了最好的詮釋及示範。

南宋的愛國英雄文天祥因遭到元將張弘範的襲擊被俘，他只求殉國，曾經服毒自殺未遂。張弘範要他寫信招降，文天祥堅持不肯，並且寫下〈過零丁洋〉一詩，詩末二句：「人生自古誰無死，留取丹心照汗青」二句，表明死不足畏，但求為國盡忠，他的赤膽忠忱連張弘範都深受感動，不再強逼他了，真所謂「板蕩識忠臣」。

其後，文天祥被關在地牢數年，受盡折磨，過著非人的生活。其間，儘管元世祖軟硬兼施，以高官厚祿相誘；以囚禁妻兒相逼勸降，但文天祥不曾動搖，寧死不屈。在他從容就義之前更寫下了〈正氣歌〉一首，表明自己別無他想，唯保氣節，一心求死的決心。他也在詩中列舉了十二位堅持正義，為理想而死的哲人，詩末數句：「哲人日已遠，典型在夙昔，風檐展書讀，古道照顏色。」更說明文天祥深刻體悟雖然先哲不再，但他們的精神長存，是他一生效法的人格典範。

文天祥不僅深讀聖賢的書籍，崇仰聖賢的作為，更追隨聖賢的腳步，實踐了生命的最高價值。文天祥死時，年僅四十七歲，他死後，從他的衣帶中發現一首詩：「孔曰成仁，孟曰取義，唯其義盡，所以仁至。讀聖賢書，所學何事？而今而後，庶幾無愧。」他再一次說明自己，勤讀聖賢之書，實踐聖賢之言，知行合一，無愧於心，雖死無憾的志節。文天祥無畏一死，堅持自我信念的勇敢令人動容，他一生無愧的自信自傲更令人佩服。

延伸思考

一、在讀書求學的過程中，你覺得哪一位先哲聖賢的言行最令人景仰？理由是什麼？

二、如果你是文天祥，面對敵人以「囚禁妻女受苦」相逼勸降時，你能忍受這種痛苦嗎？你會因此而放棄自己的堅持嗎？

引導作文

《論語‧為政》子曰：「學而不思則罔，思而不學則殆。」孔子告訴我們，學習必須經過思考，自我消化後才是真學問；但若是鎮日空想而不學習則容易陷入疑惑。所以曾有人戲說：「讀死書，死讀書，讀書死。」其意是提醒我們，時代不斷的進步，我們一定要活讀活用古聖賢的智慧。請以「我最想終身奉行的一句話」為題，寫一篇完整的文章，敘述相關體驗、事例，或論說此一道理。

立身修養 一

一片冰心在玉壺

原文

一、生資❶之高在忠信，非關機巧❷。

二、魯❸如曾子，於道獨得其傳，可知資性不足限人也。

三、誤用聰明，何若一生守拙❹。

四、聰明勿使外散❺，古人有纊以塞耳❻，旒以蔽目❼者矣。

五、打算精明，自謂得計❽，然敗祖父之家聲者，必此人也。

注釋

❶生資：生性資質。

❷機巧：聰明靈巧。

❸魯：遲鈍不靈活。

❹拙：質樸。

❺外散：外顯、外露。

❻纊以塞耳：用棉絮塞住耳朵。纊，音ㄎㄨㄤˋ。棉絮。

❼旒以蔽目：用布帶遮蔽眼睛。旒，音ㄌㄧㄡˊ。旌旗下垂的飄帶。

❽得計：計謀得逞。

導讀

難得糊塗心輕安

「聰明」有很多種，有人是天賦異秉的聰穎，這樣的「天縱聰明」幾乎是「天才」的同義詞；有些人則反應快，理解強，一點就通，也是令人稱羨的「真聰明」；還有一些人則是工於心計「自以為聰明」的「假聰明」。

天下父母心，無不「望子成龍，望女成鳳」，總希望自己的孩子聰明過人，樣樣表現高人一等。魏晉時田園詩人陶淵明能看淡名利，不為五斗米折腰，卻也寫下〈責子詩〉來表達對五個兒子不成材的失望。但是「聰明」真的一定是長處嗎？

宋朝的大文豪蘇軾聰穎過人，才華特出，卻因「烏臺詩案」而有入獄之災，幾至於死。後來他雖僥倖獲赦，但是宦海之嚴峻、人心之險惡，足以令人生畏。蘇軾也曾寫下〈洗兒〉詩：「人皆養子望聰

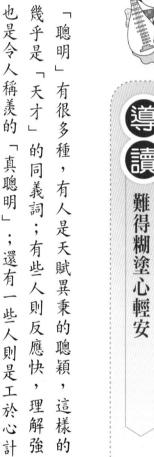

明，我被聰明誤一生。惟願孩兒愚且魯，無災無難到公卿。」這首詩固然是充滿反諷。但可見「聰明」二字對蘇軾而言，不但不是好事，反而是禍事。

為什麼「聰明」不見得是好事呢？看看蘇軾「大肚子」的故事就可以了解了。有一天蘇軾用過晚餐之後，心有所思，摸摸自己的大肚子，然後要侍女們猜猜他的肚子到底裝了什麼？其中有一位侍女說：「學士您是滿腹經綸。」蘇軾搖搖頭，不表贊同；另一位侍女說：「大學士您是滿腹見識。」蘇軾還是搖搖頭；後來蘇軾最喜歡的侍妾朝雲說：「學士你是一肚子不合時宜。」蘇軾於是捧腹大笑。是啊！蘇軾聰明過人，卻一肚子不宜時，因而得罪權貴，為自己惹來莫大的災難，真不如做一個平凡人，過著平淡卻平安的日子。也難怪清代的大文士鄭板橋會寫下：「難得糊塗」四個字，展現他絕頂的大智慧。

如果天資聰明卻不運用在正途上，而危害他人或社會的利益，其後果的可怕恐怕超乎想像。臺灣社會曾發生一樁堪稱「智慧型犯罪」的案件：某知名律師事務所的資深員工利用職務之便，有計畫性地盜賣客戶委託出售的高額股票，其金額高達新臺幣三十億元，監守自盜後即捲款潛逃出境，消失於茫茫人海中，留下天文數字的賠償金給事務所處理。

事務所負責人勇敢並坦然面對這起龐大債務的危機事件，也憑著信譽以及多年來累積的商譽，順利地與對方達成賠償協商。然而，那名不肖員工賣弄小聰明重創了事務所的形象，以及客戶對事務所的信任態度，種種無形的損失卻不是金錢可以挽救的。

擁有聰明專業，卻用在不正當的事情上，一點也不可取，還不如「愚且魯」，規規矩矩地做個平凡人。

延伸思考

一、你是否認同「大智若愚，大巧若拙」的說法？在你的生活經驗中是否也有這樣的案例？

二、如果你是事務所的負責人，發生重大的經營危機，你會如何面對？你會選擇「宣布破產」來避開龐大的債務嗎？

引導作文

人的一生充滿抉擇，「抉擇」不僅代表機會，更代表著冒險，選彼則失此，選此則失彼。但沒有人能預測面對抉擇的十字路口時，是不是選擇了對自己最有利的事？請以「一次聰明的抉擇」為題，寫一篇完整的文章，敘述相關體驗、事例，或論說此一道理。

立身修養（二）

口出蓮花朵朵開

原文

一、穩當❶話，卻是平常話，所以聽穩當話者不多。

二、神傳於目，而目則有胞❷，閉之可以養神也。

三、禍出於口，而口則有唇，闔❸之可以防禍也。

四、一言足以召大禍，故古人守口如瓶❹，惟恐其覆墜❺也。

五、一行足以玷❻終身，故古人飭躬若璧❼，惟恐有瑕疵❽也。

注釋

❶穩當：可靠妥當。

❷胞：眼皮。

❸闔：通「合」，閉上。

❹守口如瓶：形容說話謹慎，嚴守秘密。

❺覆墜：傾倒掉落。

❻玷：音ㄉㄧㄢˋ。侮辱。

❼飭躬若璧：把自己修養得如潔白無瑕的玉一樣。

❽瑕疵：比喻缺點、過失。

語言是溝通的媒介，說話是一種本能，更是一門藝術。俗話說：「飯可以多吃，話不可以多說。」又說：「沉默是金，雄辯是銀」；靜思語也說：「話多不如話少，話少不如話好。」這些名言佳句無非都是提醒我們一般人要小心「禍從口出」。而在《論語・子路》篇早有「一言興邦，一言喪邦」的說明，可見說話不僅攸關個人的安危，甚至也影響國家的興亡。

古人說：「好話一句三冬暖，惡言一句六月寒。」又說：「好話兩邊傳，惡話兩邊斷。」在在都告誡我們必當慎言，避免因話起禍。所以個人在開金口評斷是非之前都應該想清楚再發表。所謂「重話輕說；急話緩說」都是個人口德修養的參考。

中國人向來是一個嚴肅的民族，缺乏幽默。民國十三年，「幽默大師」林語堂先生把英文「Humor」譯為「幽默」二字，並且大力提倡「幽默文學」。他在〈論東西文化的幽默〉一文中對「幽默」二字下定義是：「幽默既不像滑稽那樣使人傻笑，也不是像冷嘲那樣使人在笑後覺得辛辣，它是極適中的，使人在理智上以及在情感上感到會心的甜蜜的微笑的一種東西。」他主張「幽默是人類心靈的花朵」，而自嘲是最高級的幽默。他曾經受邀在某大學畢業典禮中演講，但因典禮流程冗長，輪到他上臺時學生已心生不耐，於是他說：「最好的演講就像女人的裙子——愈短愈好。」他的幽默令在場的聽眾印象深刻，也贏得大家如雷的掌聲。

美國第四十任總統雷根曾被媒體譽為「偉大的溝通者」，他幽默過人，當他遭人暗殺，生死交關時，夫人南茜女士驚慌失措，他仍不改幽默地說：「親愛的，對不起，我忘了閃躲了。」後來，經過一段時間的住院治療後，雷根總統終於可以出院了。有記者問他要如何向兇手求償或討個公道？他仍一本幽默地說：「我會要求他賠償我一套新的西裝，因為他把我的西裝弄破一個洞。」

其實早在雷根總統當選就任時，因他已經快滿七十歲了，難免會被人拿來做文章，他卻以四兩撥千金之勢，幽默地說七十（華氏）換算成攝氏只有二十四；而當他要慶祝七十五歲生日時，他也是幽默的說是「三十九歲的三十六週年慶。」短短的一句話，充分展現了他別樹一格的幽默魅力！

延伸思考

一、你是否認同「自嘲是最高的幽默」這句話？理由是什麼？你認為自己是不是一個很懂得幽默的人？

二、你認為勸諫他人是一件容易的事嗎？你有勸諫他人的經驗嗎？結果如何？

引導作文

古人說：「好話一句三冬暖，惡言一句六月寒。」語言文字都是具有能量的，在你的生命經驗中是否曾經在遭遇低潮時有人給一句安慰或鼓勵的話，使你獲得重新出發的勇氣及力量，或者當你想做不好的事時有人真誠地給予勸阻，使你及時悔改。請以「一句話的力量」為題，寫一篇完整的文章，敘述相關體驗、事例，或論說此一道理。

立身修養（二）小心駛得百年船

原文

一、無論習何等業，總不可有粗浮心[1]。

二、小心謹慎者，必善其後[2]，暢則無咎[3]也。

三、謹慎之人，方能成大功，故興漢室者，必武侯[4]也。

四、守身必嚴謹，凡足以戕[5]吾身者，宜戒之。養心須淡泊，凡足以累[6]吾心者，勿為也。

五、守身不敢妄為，恐貽羞[7]於父母。創業還須深慮，恐貽害於子孫。

注釋

1. 粗浮心：粗略浮躁的心。
2. 善後：指事前考慮周詳，做事謹慎，事後無患。
3. 暢則無咎：指做事通達就不會招來災禍。
4. 武侯：諸葛亮被封為武鄉侯、又稱武侯。
5. 戕：音ㄑㄧㄤˊ。殘害。
6. 累：音ㄌㄟˋ。牽連。
7. 貽羞：遺留羞恥。即蒙羞。

在三國的故事中，諸葛亮和司馬懿鬥智是非常精彩的，無論「空城計」或「死諸葛嚇走生仲達」等故事，諸葛亮之所以能夠智取司馬懿，有一個很大的原因是諸葛亮一生行事謹慎，從不犯險。所以在萬不得已之際使用險招時有出其不意的功效。但一般人若是做事常常漫不經心，輕者會給自己或他人增添麻煩困擾；重者則會釀成大禍，造成不可挽回的遺憾。

醫生和護士的天職是救人性命，醫治照顧病患，使他們恢復健康，所以他們的工作量及壓力都很大。而在社會版的新聞中也有少數醫生和護士因一時的疏忽打錯針、開錯刀、拔錯牙……而造成醫療糾紛。其中最震撼社會的是二〇〇二年發生某護士為七名新生兒進行預防注射時發生「打錯針」，造成一死六傷的嚴重慘劇。

我們相信肇事者絕對不是心存故意，但是因為該院的麻醉師貪圖一時方便，把九瓶開刀時要使用的「肌肉鬆弛劑」放進嬰兒房存放B肝疫苗的冰箱中。雖然她辯稱有標明藥品並加上警語，但仍被那名護士誤為是B肝疫苗而拿去施打，造成不可挽回的悲劇。新生兒的父母不久前才歡天喜地的迎接新生兒的到來，沒想到打一次預防針竟然發生這樣可怕的醫療疏失。雖然兩人都被判了刑，接受法律制裁。但因為個人的不小心，釀成這麼重大的災禍，對那些受害者的家屬而言，失去孩子的傷痛是一輩子都無法彌補的。

後來，在羅東某醫院又發生一位男性病患因腳傷住院，護士誤把隔壁床的用藥拿給這位男性病患吃，造成他過敏性休克，插管搶救……。其實為了醫療用藥的安全，從醫生開出藥方到護士用藥或施打藥劑前，必須嚴格確實遵守「三讀五對」的原則。所謂「三讀」是指「從藥櫃取藥時一讀、拿藥時二讀、將藥放回藥櫃再看一次三讀」，以確認沒有拿錯藥品；所謂「五對」則是在施打藥物時，要確認病人對、藥物對、時間對、劑量對、途徑對，必須再三確認無誤。

在每位護士的養成教育過程中，對於「三讀五對」的原則一定是耳熟能詳的。如果每位護士在醫療現場的當下，都懷著戒慎恐懼的認真態度來面對病患；每一次的工作內容都能確切落實「三讀五對」的原則，一定可以保障病患的醫療安全，也大大減少發生害人害己的悲劇。

延伸思考

一、你讀完這位護士因不小心打錯針而造成七名新生兒傷亡的事件，你的感覺是什麼？如果你是新生兒的父母，會如何面對這位護士？

二、在你的生命經驗中是否也有因為他人的疏忽，而造成對你的傷害？你又如何處理呢？

引導作文

常言道：「人非聖賢，孰能無過。」我們相信，沒有人會故意犯下過錯，但在日常生活中這樣的例子卻屢見不鮮。不管是不小心遺失重要物品或做事掉以輕心而發生狀況，總是為自己或他人帶來麻煩。請以「一次粗心的經驗」為題，寫一篇完整的文章，敘述相關體驗、事例，或論說此一道理。

立身修養

四 造福生禍一念間

原文

一、正己❶，為率人之本。

二、人品之不高，總為一利字看不破。

三、欲利己，便是害己。肯下人❷，終能上人❸。

四、見小利，不能立大功。存私心，不能謀公事。

五、捨不得錢，不能為義士，捨不得命，不能為忠臣。

六、錢能福❹人，亦能禍❺人，有錢者不可不知。

注釋

❶正己：端正自己的品格。

❷肯「下人」：居人之下。

❸能「上人」：超過他人。

❹「福」人：使人得福。

❺「禍」人：使人遭遇禍害。

宋朝司馬光《資治通鑑》：「德勝才者謂之君子，才勝德者謂之小人，自古以來，國之亂臣，家之敗子，皆才有餘而德不足。」品德與才能價值的高低，從這句話就可以看得出來。而高希均教授曾在〈臺灣最缺的不是人才，是人品〉一文中說：「沒有人，不能做事；沒有人才，不能做大事；沒有人品，不論做小事大事，都會壞事。」洪蘭教授在〈有才無德是毒品〉一文中說：「有德有才是上品，有德無才是中品，無德無才是庸品，無德有才是毒品。」人品德行的重要可見一斑。

嚴長壽先生，一位成功的實業家及慈善家。他當完兵退伍後，從美國運通公司的傳達小弟開始做起，到了二十八歲時，已經高升到總經理，三十二歲時則成為亞都麗緻飯店總裁。嚴長壽先生在事業上的成就有目共睹，他的成功除了來自於過人的自學及努力外，更重要的是他潔身自好，自律甚嚴，展現高度的人品操守，為自己贏得信任、肯定及敬重，最後獲得事業的成功。而真正把他推上成功高峰的關鍵力量就是他的品德表現。

如果我們借用洪蘭教授的話來說，嚴長壽先生實在是「有德有才的上品」。他在《總裁獅子心》一書當中曾談到「垃圾桶哲學」，他告訴大家，新手進入職場要多學習，多承擔，別人不想做的都撿來做，只要肯做，一定可以把自己的能力增強變好。對於金錢觀，他則分享了「誘惑是一條不歸路」的經驗談，從陪著總經理夫婦買小狗，狗店老闆以相當於他半個月薪水的酬庸相誘，哄抬高價來交易，他拒絕了，事後證明他的堅持是對的。另一次則是廠商以相當於他四個月薪水的紅包來巴結他，他立刻把紅包轉交給總經理，也斷然拒絕驗貨放水。等到廠商反咬他刁難索賄時，總經理告訴對方那筆錢已經轉交公司福委會了，對方當場啞口無言。

「錢」和「藥」一樣，能救人也會害人，考驗著使用者的操守及智慧。嚴長壽先生不但長期推動臺灣觀光事業的發展及關懷弱勢，當他退休後更全力投身公益，成立公益平臺基金會，他把錢用到最需要的人身上，造福了許多人，他真正為我們示範了「態度決定高度，格局決定結局」的高瞻遠矚。

延伸思考

一、「瑪啡」是醫療上常用於止痛的藥品，但也會成為害人不淺的毒品，我們應如何抗拒「好奇」誘惑，才能避免走上不歸路？

二、如果有人「以重利相誘」，而代價只是要你說一個小小的謊言來配合，你會怎麼想？怎麼做？

引導作文

人的一生中難免遇到「誘惑當前」的時候，大者也許是名聲、利益、或其他好處；小者或許只是一時方便或痛快。「誘惑」其實是人品的試紙，也是德行的試煉。一念之間，決定你到天堂或墜地獄。請以「貪心的代價」為題，寫一篇完整的文章，敘述相關體驗、事例，或論說此一道理。

立身修養（五）振動夢想的翅膀

原文

一、志不可不高，志不高，則同流合污，無足有為矣。

二、心不可太大，心太大，則捨近圖遠，難期有成矣。

三、有不可及之志，必有不可及之功❶。有不忍言之心，必有不忍言之禍。

四、心靜則明❷，水止乃能照物❸。品超斯遠❹，雲飛而不礙空❺。

注釋

❶不可及之功：別人無法比得上的事功。

❷心靜則明：內心澄靜就能有清明智慧。

❸水止乃能照物：水在靜止時才能照映萬物。

❹品超斯遠：品格高超則能遠離外物的羈絆。

❺雲飛而不礙空：志高心遠不為世俗所累。

導讀 開創生命的春天

《論語・為政篇》子曰：「吾十有五而志於學」。「立志」代表找到自己生命中的最愛，值得奉獻一生，為它努力奮鬥的一個夢想。有夢想的人是幸福的，真正築夢的人是勇敢的。一位來自屏東鄉下，父親早逝、家境清寒的吳寶春先生，國中畢業後離開故鄉北上謀職，開始投入製作麵包這一行，而在二〇一〇年以「米釀荔香」麵包勇奪「世界麵包大師賽」冠軍，不僅為自己的生命寫下新頁，更締造另一個臺灣之光。

吳寶春先生從不諱言在國中時因為課業成績不理想而被編入放牛班，是被學校放棄的學生。但他並沒有因此而懷憂喪志，自我放棄。雖然課業學不好，但只要肯吃苦，學得一技之長就能養活自己，一樣是有用的人。他當學徒時，和其他人擠在一個潮濕昏暗，長滿壁癌的小閣樓上，每天凌晨三點起床開始上工，一直忙到晚上九點才能休

息；又因為年紀小，拿著很重的烤盤送進烤箱時常不小心被燙傷，在手臂上留下無數疤痕。雖然生活如此辛苦，他卻從來不曾喊過一聲苦，二十多年來一直埋首於研發麵包的創新製作，最後為自己贏得生命的桂冠。

「我要帶領臺灣烘培業挑戰烘培業的極限以及挑戰自己的未來。」這是得獎之後，吳寶春對自己的期許。吳寶春先生說自己在當兵時才了解「知識的重要」，於是重新開始，努力學習課業。所以他鼓勵年輕學生要努力學習，才不會日後更辛苦。後來當吳寶春先生的麵包事業遇到瓶頸，他謙卑的向堂本麵包店主廚陳撫光先生請益，陳撫光先生帶著他嘗美酒、吃美食、品味生活、欣賞藝術……開啟了他更高更寬的視野。在美國時，他也看到廚師除了要強化自己的專業技能外，還要有生活藝術的涵養，不管是學鋼琴或舞蹈等，都是為了使自己的生命充滿熱情及感動，這樣做出來的麵包才會傳達滿滿的感動及幸福。

吳寶春先生認為在參賽的過程中最大的收穫是——學到「態度與

觀念」。當你看重自己，肯定自己時，其實是不是冠軍已經不是最重要的了。因為比賽是一時的，而人生是長遠的，要以怎樣的態度來面對未來才是重要的。在他的一生中，母親的愛是他最大的支持力量。因此他以母親的名字成立了「陳無嫌教育基金會」，希望把母親對他的愛傳達出去，能照顧更多需要被鼓勵的青少年，讓他們知道「天生我材必有用」，把天賦找出來，然後努力去實現就對了。

重點是，「找到天賦」這件事只能由自己來負責！

延伸思考

一、讀完吳寶春先生的奮鬥故事，你覺得最令你感動的是什麼？又你覺得可以向他學到什麼？

二、你是否已經找到自己的志向？如果已經找到了，你打算如何實現？又如果還沒有找到？那麼原因是什麼？

引導作文

從小到大，我們都有機會參加各種大小的比賽，有個人的，也有團體的。每一次賽前的準備訓練都是辛苦的；比賽時的心情總是緊張的；比賽結束後成績公布了，必然是幾家歡樂幾家愁。請以「難忘的比賽」為題，寫一篇完整的文章，敘述相關體驗、事例，或論說此一道理。

國家圖書館出版品預行編目資料

悅讀圍爐夜話十分鐘 / 李瓊雲著. - - 一版. - - 臺北市：五南，民 102.06

面；公分

ISBN 978-957-11-7123-4（平裝）

1.格言

192.8　　102008328

悅讀 圍爐夜話十分鐘

作者　李瓊雲
總編輯　王翠華
執行主編　黃文瓊
封面設計　吳佳臻
出版者　五南圖書出版股份有限公司
發行人　楊榮川
地　址：台北市大安區 106 和平東路二段三三九號四樓
電　話：〇二—二七〇五五〇六六（代表號）
傳　真：〇二—二七〇六六一〇〇
郵政劃撥：〇一〇六八九五—三
網　址：http://www.wunan.com.tw
電子信箱：wunan@wunan.com.tw
顧問　林勝安律師事務所　林勝安律師
版刷　中華民國一〇二年六月一版一刷
訂價　二八〇元